“행복한 만남”

송재만 지음

도서출판 조은

목 차

추천사 / 목포대학교 총장 고석규 · 6
서울사회복지대학원대학교 총장 권육상 · 8
변호사 최병영 · 10
동국대학교 경영전문대학원 원장 이영면 · 12
프롤로그 · 14

1부 만남의 의미 / 19
사랑과 출생 21
부와 빈곤의 굴레 25
상경, 눈물로 설움을 달래다 28
만남의 의미 32
그들과의 소중한 만남을 통해 나의 길을 가다 37
고향길 41

2부 젊은 날의 실패담 / 43
경계선 없는 위수지역 45

운명과의 승부수, 83년도 한약업사 시험 49
3개 대학 중퇴와 6개 대학 졸업생 52
현실의 불만으로 알래스카주로 이민하다 55
젊은 날의 초상과 어려운 현실 57
젊은 날의 야망과 정열 59
어려운 가운데 집을 장만하다 63
30대에서 가장 중요한 것 65
사람 보는 이야기 68
야누스의 얼굴, 성공과 실패 71

3부 인생과 건강 / 75

신체적 건강 77
정신적 건강 82
사회적 건강 85
평생의 자산, 윗사람 모시기 87
한방과 양방 90
건강을 살리는 숯, 건강 서적을 펴내다 92
솔잎과 소나무 97
솔잎 식용의 역사 99
놀라운 숯의 효능 이야기 103
신체에 좋은 한방 이야기 108
한방의 미래 111
40년 동안 한약 종상 113

4부 체험과 성숙 / 115

학생이자 교수가 되다 117
삶에서 만난 세분의 스승과 박사의 의미 119
주역 점은 돌고 도는 세상사 121
삶의 보람 123
잊을 수 없는 이야기 125
가장 힘들었던 이야기 127
30년 억울함을 구제해 달라 131
봉사하고 봉사를 받다 134
지난 과거가 중요하지 않다 136
좋은 인연에는 서로의 노력이 필요하다 139

5부 26만을 위한 향우회 회장/ 141

고흥군 향우회장으로서 봉사 143
향우회장의 시련 147
정치와의 미로 속 길 찾기 150
좋은 건강 유지와 치료법 152
인생에서 가장 중요한 것 156
잠 못 드는 밤의 상념들 160
가치관 이야기 162
젊은이들에게 168
우정이냐 현실이냐 170
가족에게 못 다한 이야기 173
여러 모임의 특성과 봉사의 서열 175

6부 만학의 교수 / 179

학생들을 위한 인성교육 181
일반인들을 위한 교육 강의안 187
무형의 죄인 192
민주주의의 얼굴 195
자본주의의 얼굴과 창조경제 200

7부 미래를 향하여 / 203

행복의 비전 205
한국의 나아가야 할 방향 207
내 고향 고흥의 꿈과 미래 211
지방특성행정 213
행복한 미래 216
한반도의 역할 219

에필로그 • 222

추천사

본인은 우리 시대의 소중한 희망이자 빛인 고구려대학 송재만 교수님의 "행복한 만남"의 추천사를 지어 달라는 요청을 받았습니다. 그리고 한참 동안 고민하지 않을 수가 없었습니다. 왜냐하면 본인이 "행복한 만남"이라는 책에 추천사를 쓸 정도의 문학적이고 학문적인 도량과 학식이 부족하다는 어려움으로 망설이지 않을 수가 없었습니다.

그러나 이 책을 읽어보고는 다른 한편으로 이제는 문학적인 욕심이 생기기 시작하였습니다. 이러한 사회의 빛이자 기쁨이 넘치는 책의 추천사를 쓴다는 것에 대해 자긍심과 긍지가 샘솟기 시작했기 때문입니다.

스마트폰으로 대변되는 현 시대에 책의 가치가 조금은 도외시 되는 것도 현실입니다. 그렇지만 한 권의 책으로 또 한 권의 책에 내포하고 있는 한 줄의 글이라도 어떤 사람에게는 생명을 구하기도 하고 양심을 대변하기도 하며 삶의 희망을 주게 됩니다. 이처럼 책의 가치는 고금을 막론하고 한줄기 빛을 제공합니다.

"행복한 만남"이라는 이 저서는 꼼꼼히 내용을 읽어보니 대단한 삶의 지혜와 교훈이 들어 있었습니다. 이 책의 제목이 의미하는 것처럼 저자는 만남 즉 사람과 사람의 인연을 가장 소중하게 생각하는 분입니다.

또한 내용 중에 좋은 인연은 서로 노력해야 얻는 값진 선물이라는 것에 대해서도 깊이 공감하지 않을 수가 없었습니다.

이러한 책의 추천사를 쓴다는 것에 대해 본인은 감사하지 않을 수가 없고 송재만 교수님과의 인연을 그토록 소중하게 생각하지 않을 수가 없습니다.

송재만 교수님은 그가 학생으로 본인이 교수의 신분으로 만났습니다. 그리고 지금까지 귀중한 인연으로 서로 기쁨과 어려움을 나누고 있습니다.

특히 송재만 교수님은 순수하고 맑은 영혼의 소유자입니다. 촛불이 다 타면서 어둠을 밝히듯이 교수님은 촛불과도 같은 분으로 뜨거운 가슴과 사랑, 또 인간과 삶에 대한 열정이 쉬지 않고 불타오르는 분입니다.

더욱이 한약업사로서 40년 동안 한 분야에서 장인으로 종사하셔서 타인의 귀감이 되고 있습니다.

부디 "행복한 만남"이라는 책이 사회의 등불이 되고 독자들에게 희망과 기쁨 또한 삶의 귀중한 교훈과 지혜를 얻게 되리라 틀림없이 확신하면서 일독을 강력히 추천합니다.

목포대학교 총장 고 석 규

추천사

현대사회의 가장 큰 관심 중의 하나가 사회복지입니다. 복지란 일반적으로 말해서 인간의 삶의 질을 향상 시키는 것입니다. 그리고 현대사회에서 사회복지에 대해 그 방향은 우리가 잘 알고는 있지만 복지를 어떻게 실현할 것인가는 그 방법론적인 면에서 보면 다양한 의견과 주장이 있을 수가 있습니다. 그러나 그 원론적인 면에서 보면 복지를 실현하는 방법은 익히 알고 있는 사실입니다.

송재만 교수님의 "행복한 만남"이라는 원고의 추천사에 대한 의뢰를 받고 이 책에서 얼마만큼 이러한 복지에 대해 그리고 그 방법에 대해서 살펴보지 않을 수가 없습니다.

그러면서 복지에 가장 필요한 것은 바로 사람이라는 것을 이야기하고자 합니다. 그러면 어떤 사람이 복지를 실현해 나갈 수 있느냐라는 것에 천착하여야 합니다.

바로 그러한 점에서 "행복한 만남"을 일독해 보니 그 저자인 송재만 교수님 같은 분이 복지사회를 이끌어 나가기에 조금도 손색이 없는 분이라는 것을 쉽게 알게 되었습니다.

먼저 복지를 실현하려면 실천적인 사람이 되어야 하고 또한 책임감이 투철해야 합니다. 그리고 미래지향적으로 앞날에 대해 비전과 희망을 제시하고 그것을 위해 앞장서서 뛰어야 하며 그 방향으로 잘 이끌어 나가야 합니다. 마지막으로 헌신적이어야 합니다.

이 같은 요소를 송재만 교수님은 모두 지니고 있습니다. 그와 동시에 지금까지 알고 지내면서 우리의 친근한 옆집 이웃 같은 인간적인 냄새와 학식과 지혜, 학자적인 겸손과 친화력을 겸비하고 있습니다.

앞으로의 사회에 꼭 필요한 우리 이웃입니다.

특히 이 책에서는 물질만능주의의 현 시대를 살아가는 무기력하고 어렵게 살아가는 이웃을 무형의 죄인이라고 표현하고 있습니다. 그런 연유로 황금만능주의를 살아가는 현실이지만 그 속에서도 우리는 따스한 인정과 의리를 소중히 여기면서 앞으로 정진해 나가는 송재만 교수님의 앞날에 관심과 성원을 보내지 않을 수가 없습니다. "행복한 만남"이라는 옥고를 통해 이 책의 저자가 소외된 이웃과 보통 사람들에게 큰 희망이 되기를 간절히 기대합니다.

서울사회복지대학원대학교 총장 권 육 상

추천사

최근 들어 가장 큰 사회적 관심거리 중의 하나가 "대화와 소통"입니다. 가정이나 사회에 대화가 없으면 오해가 생기기 마련이고 화목하지 못하게 되는 것이 인지상정입니다. 또한 사람은 누구나 서로 간 소통을 해야 합니다.

아무리 지위나 재력이 충분하더라도 다른 사람과 어울리지 못하고 소통을 하지 못하면 온전한 인격체라고 할 수가 없습니다.

송재만 교수님의 "행복한 만남"이라는 책의 추천사를 몇 자 적어달라는 제의와 원고를 받고 다시 한 번 이러한 "대화와 소통"의 중요성을 실감하게 되었습니다.

지금 사회나 정치, 그리고 가정에서의 문제는 대화가 없다는 것도 그 이유가 될 수 있고 대화 단절이 가정에서 부부간, 부모와 자녀간, 형제자매간에도 가정의 불화를 불러오는 큰 이유가 될 것입니다.

인생은 혼자 살아가는 것이 아닙니다. 독불장군은 없다는 말이 그래서 있는 것이지요. 대화를 통해서 우리는 서로의 생각을 알게 되고 이해하게 되며 서로 돕게 됩니다. 송재만 교수님의 "행복한 만남"에서도 이러한 이야기가 나옵니다. 건강이야기에서 신체적 건강과 정신적 건강을 쉽게 알고 듣고 경험하지만 사회적 건강의 소중함에 대해서는 과거에 잘 인식되지 못한 부분입니다. 사회적 건강에 대해서 다시 한 번 생각해 보게 되었고 그것은 사람과 사람 사이의 소통이 필요하다고 느끼게 되었습니다. 우리 사회에 대화와 소통이 있다면 많은 문제가 자연적으로 해결이 될 것으로 믿습니다.

공자는 논어의 자로편에서 "군자는 화이부동(和而不同)이요, 소인은 동이불화(同而不和)"라고 했습니다. 곧 군자는 타인과 서로 화합하되 자신의 의는 굽히지 않고 남과 화목하게 지내지만 자신의 중심과 원칙을 잃지 않음을 뜻하는 가르침입니다.

이것 역시 대화와 소통의 중요함을 말하는 것이고 또한 사람이 살아가는 일생에는 자신의 원칙과 뜻이 있어야 함을 말해 주는 대목입니다.

그래서 인생에는 묘미가 있다고 봅니다. 자신의 원칙과 뜻을 가지고 주관있게 살아야 하지만 또한 타인과 조화를 이루어 가면서 살아가야 하기 때문입니다.

그런 점에서 "행복한 만남"이라는 책이 우리 사회에 시사하는 바가 크고 이 책의 저자인 송재만 교수님은 그러한 인생의 조화를 잘 이루어가는 사회의 대들보라고 생각해 봅니다. 소중한 시간을 내어 이 책을 읽을 가치가 충분히 있다고 생각됩니다.

변호사 최 병 영

추천사

"변화와 혁신만이 살 길이다"

21세를 살아가는 국제적 환경에 발맞추어 우리에게 요구되는 것은 변화와 혁신이다. 변화에 적응하지 못하고 현실에 안주하고 급변화는 세계질서와 환경에 능동적으로 상황판단을 하고 대처하지 못한다면 어느 국가나 개인은 살아남지 못할 것이다.

세계 인구 증가로 국가와 국가 간, 개인과 개인 간의 경쟁은 갈수록 심화되고 있으며 치열해지고 있다. 자원은 한정되어 있으나 그것을 가지고 살아가야 할 인구는 증가하여 이러한 변화에 적응하지 못하고 도태되면 현대에서는 생존이 불가능하게 된 것이다.

그리고 학교에서 배운 지식만으로 사회를 살아나갈 수 없는 냉엄한 현실에 우리는 발을 디디고 있다. 평생교육, 전인교육의 중요성은 그래서 아무리 강조해도 지나치지 않다. 학교에서는 지식을 가르치고 사회에서는 이를 효과적으로 활용하고 지혜와 체험과 자신의 삶의 교훈을 바탕으로 뛰어야 한다.

이러한 변화와 혁신 외에 현대사회를 살아나기 위해 필요한 것은 네트워크이다. 물적 인적 네트워크의 중요성이 갈수록 커지고 있다. 특히 인적 네트워크는 생존을 위한 필수적인 요소이다. 그런 점에서 한 번의 인연은 평생의 인연이기에 노력하는 자세가 절실히 요구된다.

이와 같은 현대사회에 대한 성찰에 비추어 볼 때 송재만 교수님은 이러한 학교에서의 교육과 사회에서 삶을 살아나가기 위해 필요한, 교실에서 배울 수 없는 지식을 충분히 배우고 체득하여 우리 사회의 견실한 일꾼으로 다양한 사회와 조직에 견인차 역할을 해오고 있다.

또한 배움의 길에도 매진하여 6개 대학을 졸업하고 3개 대학을 중퇴하고 지금은 교수로 제자를 가르치는 배움에 열정이 끊이지 않는 분이다.

가르침의 현장에서 다양한 책을 읽고 연구해 오고 있지만 송재만 교수님의 "행복한 만남"이라는 책을 접하고 이 책이 교실에서 배울 수 없는 지혜와 교훈, 그리고 삶의 문제를 해결하는 답안이 있는 귀중한 책이라는 것을 접하게 되었다. 변화와 혁신, 그리고 네트워크 시대를 살아가는 분들에게 꼭 읽어보기를 권하며 친구나 동료, 선후배들에게 추천하고 싶은 책이다.

동국대학교 경영전문대학원 원장 이 영 면

프롤로그

어떤 일이든지 그 목적과 방향을 우선하여 결정하는 것은 극히 중요한 일이라고 할 수 있다. 그 목적과 방향이 정해져야 그에 따라 일의 순위나 거기에 다른 일들이 진행될 수가 있기 때문이다.

그래서 소생이 이러한 수필집을 세간에 펴내는 목적과 방향에 대해서도 다양하게 연구하고 고민하였다. 그리고 이러한 책을 펴내는 것에 그 목적과 그에 따른 부수적인 결과에 대해서도 나는 번민을 거듭했다.

이리하여 수필집을 상재하게 되었다. 역시 삶에서 가장 중요한 요소 중의 하나가 생각하는 것이며 그것은 곧 일종의 판단행위이다. 어떻게 생각하느냐에 따라 즉 어떻게 판단하고 결정하고 행동하느냐에 따라 그 결과는 천차만별이다.

애초에 나는 감히 이러한 수필집을 세간에 펴내는 것에 대해 엄두가 나질 않았다. 우선 나 자신이 크게 이름을 낸 것도 아니고 그럴 만한 특별한 자질이나 능력이 있는 것도 아니기 때문이다. 또한 나 자신의 이야기를 솔직하게 담아낸다는 것은 나의 부끄러움과 속내를 독자들에게 공개적으로 구애하는 것이기 때문이다.

그러나 나의 나이가 환갑을 지나고 이제는 나의 삶을 어느 정도 정리해야 할 시기에 도달하였다. 크게 성공한 다른 사람들은 할 이야기도 많고 독자에게 전해 줄 이야기도 많을 것이다.

그런데 내가 과연 독자에게 무엇을 전달할 것인가? 그리고 수필집을 낸다는 것이 나의 인생과 지인에게 무슨 의미가 있는 것인가 나는 새벽녘까지 번민을 연속하였다.

그러다가 이제는 나의 수필집을 내기로 하고 독자에게 나의 이야기를 하게 되었다.

크게 내가 책을 내는 이유는 세 가지이다. 우선 나의 이야기를 기록물로 보존하고 싶었기 때문이다. 변변치 못하지만 나의 이야기를 책으로 펴내 나라는 존재의 의미에 대해서 살아있고 몸부림하고 있다는 것을 알리고 가족이나 이 책을 읽는 독자들에게 이 이야기를 전달함으로써 잊히지 않는 꽃과 같은 존재가 되고 싶기 때문이다.

자화자찬하는 내용이나 다른 특별한 목적을 지니고 이 책을 출간하기 보다는 사실위주로 당시의 나의 생각과 역사를 정리하고 반성하며 지나온 나의 체험을 정리하기 위해서이다.

다음으로는 이 책을 읽는 분들에게 용기를 주기 위해서이다. 꿈과 희망을 준다는 것은 나에게 너무나 거창한 일이고 지금 어려운 처지에 있는 사람들에게 힘을 주기 위해서이다.

이 책을 읽는 독자 중에서 열 사람 아니 단 한 사람이라도 이 책을 읽고 용기를 내어 인생을 성공적으로 살아간다면 그것은 나의 지금까지의 삶이 헛되지 않았다는 것을 말해주는 것이고 이 책을 상재하는 나로서는 그 소기의 목적을 충분히 달성하고도 남는다고 할 것이다.

마지막 목적은 교훈을 주기 위해서이다. 현대사를 살았던 내가 겪은 다양한 삶의 방법이나 결과물에 대해서 나의 지혜와 지식을 이 책에 담아냄으로써 이 책을 읽는 독자들에게 희망과 교훈 마지막으로 감동을 줄 수 있다면 나로서는 더할 나위 없이 큰 기쁨이 될 것이다.

심지어는 나처럼 실패를 거듭한 사람도 없었을 것이다. 그런 와중에 나는 지혜를 얻고 큰 깨달음을 얻게 되었다. 독자들은 이런 이야기를 들으면서 자신의 스토리를 이야기하는 것처럼 공감대를 형성하리라 믿는다. 독자들이여 나의 실패 속에서 지혜를 배우라, 실패는 성공의 어머니라는 말이 있듯이 이를 뒤집어 생각해 보면 성공은 실패의 어머니인 셈이다.

이 책의 내용 중에 자세히 이야기하겠지만 나는 인생에서 사람과 사람의 만남을 중요시 한다. 만남을 통해서 삶의 길이 결정되고 열리고 만들어지기 때문이다.

인생에서 어떤 사람을 만나느냐에 따라 그의 인생은 시시각각 달라지기 때문이다. 이제는 나는 사람을 직접 얼굴을 맞대고 만나기도 하겠지만 지면을 통해 독자들을 만나려 한다.

한편으로는 두렵기도 하고 설레기도 하며 독자들의 반응이 어떻게 될지 모른다. 그러나 분명한 것은 이 책을 펴내는 나의 목적과 방향에 대해 자신 스스로가 신뢰하고 있으며 그 결과에 대해서도 미지수이지만 나는 긍정적으로 생각하고 있다.

이 책에 삶의 전부를 이야기 한다고 하더라도 과언이 아니다. 일상적인 삶부터 특별한 삶의 과정까지 솔직하게 사실을 열거하며 나의 생각과 지혜를 이야기 하고 싶다.

삶이란 출발과 변화의 연속이다. 항상 새롭게 출발해야 하고 변화해 나가야 한다. 이 책이 독자들에게 이러한 출발과 변화를 하는데 큰 도움이 된다면 이 책을 쓰는 목적이 달성될 것이다.

페이지를 넘기면서 인생역정을 살펴보기를 바란다.

2014년 1월 1일 신년 새아침에

제기동 사무실에서 교수 송 재 만

1부 | 만남의 의미

"사람은 누구를 만나느냐가 가장 중요하다. 누구를 만나느냐에 따라 인생이 천차만별로 바뀐다. 좋은 인연을 통해 성공과 행복의 길로 들어서는 것이다. 그래서 우리는 이러한 만남을 미리미리 준비하여야 한다."

사랑과 출생 21 / 부와 빈곤의 굴레 25
상경, 눈물로 설움을 달래다 28 / 만남의 의미 32
그들과의 소중한 만남을 통해 나의 길을 가다 37
고향길 41

사랑과 출생

인생에서 가장 아름답고 숭고한 것은 무엇일까? 사람에 따라 여러 가지의 해답이 나올 것이다. 해질 무렵 붉게 타는 저녁놀, 비오는 날의 들판, 아름다운 음악, 또는 삶을 아름답고 강렬하게 표현한 음악 등 다양할 것이다.

나에게 가장 아름다운 것을 묻는다면 그것은 남녀 간의 사랑일 것이라고 말하고 싶다. 남녀 간의 사랑이라면 연인간의 사랑을 포함하고 또한 어머니와 자녀간의 사랑이라고 말할 수가 있다.

물론 아버지와 자녀간의 사랑도 중요한 것이지만 굳이 가장 아름다운 것을 말한다면 그것은 남녀 간의 애정, 그리고 어머니와 자녀간의 사랑이라고 단언하고 싶다.

남녀 간의 애정은 청춘의 시기에도 아름답지만 청춘이 되기 전 소나기라는 단편소설에 등장하듯이 초등학교 아동 시절의 사랑도 있거니와 사춘기 소년 소녀 시절의 사랑도 있다.

만약에 큐피드가 사랑의 화살을 쏘지 않는다면 인생은 거의 무의미하고 건조한 삶이 될 것이다. 그리고 인간은 누구나가 남녀노소를 불문하고 사랑에 빠진다. 이것은 일종의 진리인 셈이다.

사랑에 빠지는 데는 나이가 소용이 없고 남녀가 소용이 없다. 일단 큐피드가 사랑의 화살을 쏘게 되면 오직 그 사람만을 생각하게 되는 것이다. 특히 청춘 남녀의 사랑은 가장 아름답고 숭고하기까지 하다. 사랑에 빠지는 순간 자기 자신을 알게 되고 눈을 뜨는 순간 다른 사람에 대한 배려가 무엇인지 다른 사람이 자기에게 원하는 것이 무엇인지를 깊이 생각하게 된다.

청춘 남녀의 사랑은 그들이 사랑을 성취할 수도 있고 안타깝게 사랑이 이별로 종말을 지을 수도 있다. 사랑을 쟁취하는 사람도 있는 반면에 괴테의 소설에 나오는 베르테르처럼 사랑에 실패하여 목숨을 버리는 경우도 있다.

하물며 섹스피어의 로미오와 줄리엣처럼 자신들의 사랑을 비관하여 비극으로 끝나기까지 한다. 누구나 나이가 차게 되면 사랑에 눈뜨게 된다.

그래서 세상은 남자만으로 이루어지지 않고 여자가 존재하며 이것은 신비하고 기묘한 조물주의 창조의 섭리이자 완벽한 조화라고 볼 수도 있다. 세상에 남자만으로 구성된다거나 여자만으로 구성된다면 얼마나 무미건조한 세상이 될 것인가?

그 흔한 드라마의 사랑이나 영화의 사랑, 그림이나 음악의 주제,

아름다운 여성을 쟁취하기 위해 서로 싸우는 그리스 로마신화에 등장하는 영웅들의 이야기, 그리고 역사적인 사건 등 남녀가 존재하기 때문에 사랑이 있고 인생은 아름다운 것이다.

특히 남녀 간의 청춘 시절의 사랑은 그것이 희극으로 끝나건 비극으로 끝나건 아름다운 것이다. 사랑은 만남으로 비롯된다. 첫 만남으로부터 서로간 아니 저런 여성이 있다니, 아니 저런 남성이 있다니 하면서 서로 마음속에 다른 이성(異性)을 품는 것이다.

그리고 연애기간을 갖는다. 서로 만나기로 약속을 정하고 거울 앞에서 자신을 보는 시간이 많아지게 된다. 선물을 준비하고 어떻게 하면 상대를 기쁘게 만족시켜 줄 것인가 고민하게 된다.

또한 이러한 자신만이 간직한 사랑이 아무에게도 알려지는 것을 바라지 않는다. 행여 다른 사람이 눈치 챌까 전전긍긍하며 자신만의 사랑으로 청춘남녀는 세상 누구보다 아름다운 것이다.

만나서 이야기하고 이야기하지 않더라도 얼굴만 보는 것으로도 즐겁다. 그리고 자연스럽게 신체적인 접촉을 하게 된다. 이것에 대해 누가 가르쳐준 적도 없다. 손과 손이 맞닿게 되고 서로를 터치하게 되는 것이다.

그리고 그들의 사랑이 영원하기를 바라고 그 누구도 방해하지 않게 만들며 자신들만의 공간을 갖고 싶어 한다. 청춘 남녀는 이러한 사실을 당분간은 비밀스럽게 간직하며 결국 가족에게 소개하고 결혼으로 이어진다.

남녀가 만나서 사랑을 하고 결혼으로 이어지는 것은 조물주가 주신 축복이다. 그 동안 비밀리에 만나다가 결혼을 하여 이제는 같은 공간에서 서로 평생을 생활하게 되는 것 얼마나 즐겁고 기쁜 일인가? 서로를 위해 아름답게 가꾸고 거리를 산책하며 고궁을 찾기도 하며 손을 꼭 잡고 서로간의 사랑을 나눈다. 그리고 두 남녀는 사랑 행위를 하게 되며 그것은 임신과 출산으로 이어진다.

임신한 여성을 위한 남자의 노력, 눈물겹기까지 하다. 임신한 여성은 이제 어머니로서 준비를 시작하는 것이다.

최근에 우리나라는 출산율이 저하되어 앞으로 복지국가를 향해가고 선진국을 향해 가는데 걸림돌이 될 것이라는 언론 보도가 많이 등장하고 있다. 그만큼 세상살이가 각박하다는 증거인데 아무리 세상이 어렵더라도 출산하는 것은 아름다운 것이고 축복이라는 기본적인 생각은 지켜져야만 할 것이다.

출산과 관련하여서는 여러 가지 어려운 상황이 발생하기도 한다. 미혼모의 출산, 비정상적인 남녀 사이의 출산 등이다.

지금은 세상이 좋아져서 태어나면서부터 귀천이 나뉘어져 있지 않다. 태어나면서 귀족이니 상놈이니 하는 시대가 아니다. 그리고 태어나면 교육환경에 따라 얼마든지 성공할 수가 있는 세상이다.

그러므로 아이들의 출생은 축복이어야 한다. 또한 자신의 소유한 것들을 아이들에게 양도할 수 있는 부모로서의 자세가 필요하며 아이들은 사랑받고 소중한 존재로서 키워져야만 한다.

내리사랑이란 말이 있듯이 그것을 나의 자녀들에게 선사하며 살아가고 있는 것이다.

부와 빈곤의 굴레

나의 가정형편은 어릴 때부터 무척이나 가난했다. 먹을 것도 풍족하지 못했고 입을 옷도 많은 것이 아니었다. 때로는 잘 사는 가정에서 풍족하게 지내는 아이들이 부럽기까지 했다.

왜 우리 가정은 이리 가난할까? 곰곰이 생각해 보아도 내가 가정에서 할 수 있는 역할은 없었다. 가난한 것이 그렇게 사람들에게 부끄러울 수가 없었고 심지어는 심리적으로 나를 위축되게 만들기까지 하였다.

가난한 것에 대해 큰 잘못이 있는 것처럼 어린 나를 움츠리게 만들었다. 그러나 지금에 이르러 생각해 보면 어릴 적 가난은 자기 잘못이 아니라고 생각한다.

왜냐하면 가장은 가장으로서의 역할이 있고 아내는 아내로서의 역할이 있으며 자녀는 자녀로서의 역할이 각기 있기 때문이다. 가난한 것에 대해서는 그에 대한 책임이 자녀에게 있지 않고 부모님에게 책임이 있기 때문인 것이다.

구김살 없이 자라야 할 나이 어린 소년인 나에게 가난은 자신감을 잃게 만들었고 잘 사는 것이 부러웠다.

또한 성인이 되어 가정을 꾸리게 되어 가난한 것은 바로 자신의 책임이라는 생각이 든다. 가장이 되어 가정을 위해 생활비를 벌어들이고 자녀를 뒷바라지 해주는 것은 자녀를 가진 부모의 입장이라면 당연히 가지고 있을 것이다.

어린 시절 우리 가정은 왜 가난한 것인지를 생각해 보기도 하였다. 그 결과 우리 집이 농사지을 땅이 있어도 남의 농사였고 일할 수 있는 자리가 없었다. 땅이 많기는 하지만 타인의 농사였기 때문에 세곡과 수곡을 내야했다. 농사를 지어도 본인의 소득이 없었던 것이다.

오직 산에서 나무를 해와서 팔아야 하는 것뿐이었다.

그리고 농한기에는 나무를 팔아서 생활용품을 살 수 밖에 없었다. 어린 나였지만 이 같은 사실을 알게 되었고 과연 농사일을 평생하면서 지낼 것인가 생각하고 상경하여 더 큰 기회와 운명의 시장으로 진출하고 싶었다.

더욱이 우리 집에 식구가 많은 것도 가난의 이유가 될 수 있었다. 8남매나 되는 많은 식구가 먹고 입고 쓰고 살기 위해서는 벌어들이는 수입이 많아야 한다는 것은 당연한 일이었다. 수입도 없고 지출이 너무 큰 것이었다.

벌어들이는 수익은 없고 8남매를 먹여 살리는데 들어가는 생활비는 만만치 않고 빈곤의 악순환이 계속되었다.

어린 시절의 나였지만 이러한 사실을 알게 되었고 더욱이 나는 8남매의 맏이였다. 그래서 8남매의 형으로서 미래를 생각하지 않을 수 없었다.

상경, 눈물로 설움을 달래다

그 동안 나도 이제 어엿한 청소년이 되었고 시골 학교를 졸업하게 되었다.

그러던 가운데 친구 따라 무작정 서울에 있는 고등학교를 다니게 되었다. 내가 맏이어서 고향에 남아 동생들과 농사일을 뒷바라지를 해주며 지내거나 아니면 무작정 상경해서 고학을 해야 하는 것뿐이었다. 그래서 서울의 한영고등학교에 나는 입학하게 되었다.

당시 서울에는 차도 별로 없었다. 청계천에서 용두동 변에는 판잣집이 즐비하게 있었고 답십리나 마장동은 미나리 밭이었다.

상경한다고 모든 것이 잘 되는 것은 아니었다. 상경하는 사람들이 거의가 그렇듯이 어느 누구 나를 반겨 맞이해주지 않았다. 당장 오늘 내일 잠을 잘 곳이 필요했던 것이다.

내 자신에 대한 투철한 원칙이나 가치관도 없는 고등학교 입학시절 상경하면서 첫 고달픔이 시작되었다. 마포 공덕동 친구 집에서 자취를 하면서 한동안 보내게 되었다.

마땅히 생활비가 없어서 이것저것 몸을 움직여야 입에 풀칠이라도 할 수 있는 아르바이트를 하기도 힘들었다. 고등학생이라서 누구도 써주지를 않았지만 다행히 나는 아르바이트를 할 수 있었다. 그러나 그것만을 가지고 학교에 다닐 수가 없었다.

고등학교 시절 힘들게 일하면서 내가 느낀 바가 있었다. 세상에서 가장 힘든 일 중에 하나가 바로 돈을 버는 것이다라는 깨달음이었다. 가만히 집에 있는다고 누가 돈을 주는 것도 아니며 하늘을 쳐다본다고 하늘에서 돈이 떨어지는 것도 아니었다.

내가 수고하고 땀을 흘리고 손이 가야만 나에게 조금이라도 금전이 들어오는 것이다. 누구에겐가 수고하지 않고 받거나 다른 사람의 재산을 역시 자신의 수고로 인해 벌지 않고 편하게 벌게 되면 그것은 결국 자기 재산이 되지 않는다는 것을 깨달은 것이다. 자신이 피땀 흘리면서 번 돈만이 결국 자기 재산이 되고 금전의 가치를 알게 되는 것이다.

그래서 아무리 작은 돈이라도 소중히 여기는 습관을 간직하게 된 것이다. 세상에 거저라는 것은 없다. 모두가 공을 들이고 수고를 해야지 나에게 그 대가가 주어진다는 큰 깨달음을 어렴풋이나마 알 수가 있었다.

지금 금전에 대해서도 이 당시 생각한 바를 어느 정도 간직하고 있다. 여기에 금전은 가치 있게 벌어서 가치 있게 써야 한다는 생각도 지니고 있다. 금전을 가치 있게 번다는 것은 쉽지 않게 번다는 것이다.

그만큼 돈을 벌기 위해 땀 흘리는 고생을 해야 한다는 것이 금전을 가치 있게 버는 것이라는 사고방식이다. 금전을 쉽게 벌면 그만큼 그 금전을 지키지 못하고 낭비하게 된다. 쉽게 벌면 다음에도 또 쉽게 벌수 있으므로 쉽게 낭비하게 되는 것이다.

그래서 금전을 가치 있게 사용하여야 한다. 똑같은 금전을 쓰더라도 쓰는 용도에 따라 그 가치는 천차만별인 것이다. 그리고 가치 있게 벌어야 가치 있게 쓸 줄도 알게 된다. 금전을 가치 있게 즉 땀 흘려 수고하며 노력하여 벌어들이고 가치 있게 쓰는 것 즉 낭비하지 않고 마땅한 곳에 쓰는 것이야말로 금전의 가치를 높이며 자신의 가치를 높이는 첩경인 것이다.

이 무렵 자취생활을 하다가 일산 대화리에 있는 사촌누나집에서 신세를 지고 그 집에서 통학을 하게 되었다.

사촌 누나 집은 당시 경기도 고양시 송포면 대화리에 있었고 일산역에서 내려 4km을 걸어가야만 했다. 대략 4km를 걸어서 누나집이 있는 송포면 대화리까지 걸었다. 당시 송포면의 대화리에는 대북방송이 들렸다. 처음 대북방송을 듣고 불안과 공포가 엄습하기도 했다. 그러나 시간이 지나자 차츰 익숙해져 쉬이 피곤한 몸이 잠들 수가 있었다.

그 뒤에 서울특별시 용두동에 있는 친누나 집에서 학교를 다니게 되었다. 친누나도 서울에 와서 좁고 어려운 단칸방 신세였으며 이 단칸방에서 모든 식구들이 같이 생활하였다. 그러므로 대단히 부자유스러울 수밖에 없었다. 그래도 남동생을 재워주느라 어려운 살림을 감내하였다. 어느 날에는 내가 머리를 대고 쉬며 잘 곳이 서울 하늘아래 이렇게 없나 별을 보며 남몰래 눈물을 흘리기도 했다.

북극성을 바라보며 고향 마을을 떠올리기도 했고 친구 얼굴을 떠올리기도 했다. 그러면서 나를 지켜주는 수호별은 어떤 것인지 궁금해 하기도 했다.

그 별이 언제쯤 빛을 내게로 비출 것인지 그 별이 있기나 한 것인지 의문이었지만 그 빛을 향해 나는 나아가고 있었다.

만남의 의미

프롤로그에서 약간은 언급하였지만 사람의 삶에서 가장 중요한 요소 중의 하나가 사람과 사람의 만남이다. 애초에 사람의 출발이 그렇다. 즉 만남을 통해서 출생을 하고 부모와의 만남을 통해서 성장하며 학교에서 친구를 만나고 선후배를 만나면서 생각과 행동이 여물어간다.

지난 2009년 봄에 나는 중국에 다녀올 기회가 있었다. 중국에서 크게 사업을 하는 송사장이 있었다. 그는 상계동에 토지를 가지고 있었는데 상계동이 개발되어 지가가 상승하여 몇 십억이나 되는 빌딩을 소유하고 아파트까지 갖게 된 부자였다.

그러나 그는 어릴 때 너무 가난해 다른 사람의 집에서 일을 해주며 살았고 학교도 제대로 못 다녔다. 배운 게 없어서 서울에 올라왔으나 마땅히 할 일이 없어 양장점에서 심부름을 하고 살며 허드렛

일을 하게 되었다.

배운 것이 없어서 남의 밑에 들어가 그 사람의 심부름 일을 하게 된 것이다. 그러다가 상계동에 무허가 토지를 갖고 있었던 것이 큰 돈이 되어 부동산 부자가 되고 큰 무역 사업을 시작하였다. 그러나 크게 실패해 빌딩을 잃고 APT 49평까지 잃었으며 가정도 잃었다. 재산이 모두 탕진된 것이다.

가족과 헤어지고 단신으로 중국으로 들어갔다. 아는 것이 재단일인지라 재단으로 일을 하기 시작했다. 그러던 중 한 여성을 만났으며 그 여성은 흔히들 이야기하는 조선족으로 중국동포였다.

이 여자가 중국어를 통역해 주고 결국 중국의 중소기업을 만든 것이다. 직원이 100여 명이나 되며 한국에 역수입을 해 큰 회사를 키워나간 것이다. 그는 은행에 가나 한국에 가나 VIP대접을 받는 것이다. 이처럼 송사장은 여자를 잘 만나고 친구를 잘 만나 성공한 것이다.

지금은 그는 중국어도 능통하며 한문이나 영어도 조금 하게 되었고 여자를 잘 만나 성공하게 된 것이다. 중국 광저우와 북경에 아파트가 있고 북경과 광저우에 공장까지 가지고 있었다. 이처럼 누구를 만나느냐가 중요한 것이다.

중국 사람들은 사람을 절대 믿지 않는데 한번 믿으면 3번까지는 밀어준다고 한다. 중국인 몇 분 친구도 있는데 모두 성공하여 좋은 차를 타고 다니고 있고 친구가 잘 되어야 도움이 되고 찾는다면서 먼저 친구가 잘 되게 해주는 것이 곧 자신을 위한 길이라고 한다.

중국은 외제차와 삼발이차가 주로 도로를 다니고 빈부격차가 큰데 그 공장은 오전 7시 정도에 시작하여 오후 10시까지 근무하는데 불평이 없다.

결국 그는 사람을 잘 만나 성공한 것이다. 내가 중국에 머무는 동안도 한국에서 볼 수 없는 최고 목욕시설, 음식점을 데리고 가주었다.

그가 말하기를 성공은 평범한 곳에서 출발하지 않는다. 평범한 곳에서는 발전이 있을 수 없다. 극단적인 상황에서 바뀌게 되는 것이다. 그가 한국에서 계속 빚을 안고 살았더라면 죽었을 지도 모른다고 말하기까지 하였다. 그러면서 그는 무일푼으로 중국에 들어가 조그만 곳에서 재단 일을 하였으나 통역을 해주는 조선족 여자를 만나 결국 성공하게 된 것이다.

나는 중국에 들어가서 어떤 것이 무역이 될 것인가 파악을 하려고 보기도 했는데 이처럼 누구를 만나느냐가 성공과 실패의 기로가 되며 인생에서 중요한 역할을 하는 것이다. 세상에 독불장군이란 없다. 누구를 만나 서로 윈윈게임이 되며 돕고 이득이 되느냐가 문제이다. 이처럼 만남의 중요성은 인생에서 가장 중요한 요소가 되는 것이다.

복이라는 것은 하늘에서 떨어지는 것도 아니고 땅에서 솟는 것도 아니다. 오직 사람을 통해서 얻는 것이다.

여기서 유의하여야 할 것은 오복 중의 세 가지 복은 바로 인생에서 가장 중요한 것이라고 내가 이야기하는 만남을 통해 비롯되며 이루어진다는 사실을 발견할 수가 있을 것이다. 부모와의 만남, 배우자와의 만남, 자녀와의 만남 이 세 가지 만남은 인생에서 가장 중요하며 개인의 과거, 현재, 미래의 삶에 영향을 끼치는 본질적인 요소라고 할 수가 있다.

특히 이러한 세 가지 만남으로 이루어지는 복은 타고난 팔자라는 지배적인 사상이 강하여 인간의 노력으로는 쉽사리 바꿀 수가 없다. 그렇다면 어떤 만남은 바꿀 수가 있다는 힌트를 얻을 수가 있을 것이다.

그 만남이 바로 스승과의 만남, 친구와의 만남, 선후배와의 만남, 동지와의 만남, 연인간의 만남, 인생의 중요한 계기가 즉 전기(轉機)가 마련되는 만남이라고 할 수가 있다.

바로 이러한 만남을 통해서 인간은 자신을 성공의 주인공으로 만들기도 하며 실패의 구렁텅이로 내몰리기도 한다. 사람은 독불장군이 될 수가 없다. 전쟁에서 승리하기 위해서는 작전을 짜고 지휘하는 장군도 중요하지만 장군 혼자서는 전쟁에 승리할 수가 없다.

전쟁에 승리하기 위해서 소총수들은 총을 들고 적진에 뛰어들어야 하며 특전사나 해병대는 모험을 하며 죽음을 각오하고 적진에 침투해야 한다. 이렇듯 장군 혼자만 승리를 쟁취할 수가 없고 모든 병사들이 승리를 위해 희생하는 자세가 필요하다.

즉 혼자서만은 승리를 이끌 수가 없다는 것이다. 먼저 장군과 사병의 만남이 있어야 하고 간부와 사병의 만남이 있어야 한다는 것이다. 어떻게 보면 사람은 만남을 통해 배우며 성장한다고 말할 수도 있다.

그렇다면 좋은 만남이란 무엇인가도 함께 고민해 보아야 한다. 역시 가장 좋은 만남은 서로가 진실함에서 출발한다고 할 수 있다. 거짓된 만남은 나중에 화를 불러들인다.

만남의 첫출발은 정직과 진실에 있는 것이다. 자신의 입장과 처지를 그리고 놓인 환경을 서로가 솔직하게 털어놓고 만남의 의미를 서로 이야기 하고 목적에 대해 이야기가 되어야 하며 진실하지 않고서는 만남은 큰 의미를 지닐 수도 없고 만남이 지속될 수도 없는 것이다.

그렇다면 만남의 출발은 정직과 진실이고 그 방법은 어떠해야 할 것인지가 궁금해진다. 그것은 다른 특별한 것이 아니다. 너무나도 많은 그 중요성이 강조되는 것으로 타인에 대한 배려, 즉 존경, 신뢰, 사랑하는 마음과 실천이다.

자신의 입장이나 목표에만 집착하지 말고 상대방의 입장도 존중해주어야 한다. 상대방의 목표도 이해해 주어야 하며 상대방이 무엇을 나에게 원하는지를 알고 이것을 실천에 옮겨야 한다.

이처럼 진실과 사랑 이 두 가지 요소와 그 외에 덧붙이고 싶은 것은 이러한 만남이 좋은 인연으로 지속되기 위한 서로간의 노력이 필요하다. 이러한 노력으로 만남의 인연이 오래가며 영원하고 좋은 인연이 될 수 있는 만남이 된다.

그들과의 소중한 만남을 통해 나의 길을 가다

만남이 인생에서 중요하지만 만남을 위해서는 준비되어야 한다. 준비된 사람만이 그 만남을 받아들이기 때문이다. 만남을 주선하고 연결해 주어도 수용을 못하는 사람이 있다. 자기에게 준비가 되지 않으면 아무리 중요한 만남도 소용이 없는 것이다. 좋은 사람을 만나면 인생이 바뀌는 것이다.

글을 쓰면서 지금 곰곰이 생각해보건데 나의 인생에서 가장 중요한 사람과의 좋은 만남은 송경섭 전국회의원님을 만난 것이라고 하겠다. 송의원님 덕분에 나는 한약을 공부하였고 젊은 시절 한약에 눈을 뜨느라 열정을 다 바쳤다고 해도 과언이 아니며 지금까지도 한약업에 종사하고 있는 것이다.

송의원님은 나에게 장래 직업이나 진로에 대해서 명쾌하게 제시해 주셨다. 그리고 가장 나 자신의 재능이나 적성에 대해 잘 아시고 또 사회적인 경륜으로 한약의 미래에 대해 선각자적인 견해를 가지고 나에게 한약업계에 발을 들여놓게 하신 것이다.

또한 한영수 전 국회의원님을 만난 것도 중요한 사람과의 만남이다. 그분을 통해서 여러 정치인들을 알게 되었고 그분을 통해 국회의원 출마까지 제의 받은 적이 있다.

정치에 대해 이상과 관심만 가지고 있었으나 현실적으로 발을 디디지 못하다가 한영수 의원님을 통해 정치에 대해 새롭게 인식하여 나의 정치적 식견을 높였으며 과연 한국사회에 어떤 정치가 필요한지도 어느 정도 깨닫게 되었던 것이다.

더욱이 지금까지 물질적으로나 정신적으로 도움을 주는 현 선생님과의 만남은 내 인생의 전환점이 되었고 획기적인 선을 그은 만남이다. 현 선생님과의 만남을 통해 이상론에만 치우치던 나는 실생활의 현실적인 삶에 대해 알고 깨닫게 되는 계기가 되었다.

길게 보면 길다고 할 수도 있고 짧게 본다면 잠시 동안이라고 볼 수 있는 한세상을 살아가면서 친구와 우정을 나누는 것은 꼭 필요하다. 죽음의 문턱에서 자신의 가장 친한 친구 셋을 손꼽을 수 있다면 인생을 헛살지 않았다는 증거가 된다는 세상 이야기가 있다.

즉, 흉허물 없이 서로가 마음을 진실하게 편하게 털어놓을 수 있는 세 명의 친구가 있다는 것은 인생을 성공적으로 산 것이라는 이야기이다. 친구와의 우정은 꼭 자신에게 주는 것만큼의 대가를 바라지 않는 것이다.

서로 대화가 통하고 위치가 비슷하면 친구가 된다. 서양속담에 친구를 보면 그 사람을 알 수 있다는 속담이 틀리지는 않는 말이다. 그래서 "한 시간이 주어지면 책을 읽고 한 달이 주어지면 친구를 사귀어라" 는 말이 있기까지 한 것이다.

현 선생님과 나는 살아온 길이 다르다. 그러나 나는 현 선생님을 스승으로 모시고 있다. 큰 도움을 받고 내 부족한 것을 관용으로 포용하고 모든 것을 가르쳐 준다. 그런데도 현 선생님과 내가 겪은 체험을 비교해 보면 내 체험과는 하늘과 땅 차이이다. 현 선생님은 부잣집에서 출생하여 부자로 그리고 최고로만 살아 오셨다. 그러나 나는 배우지 못하고 금전적 여유도 없는 가난한 집안의 사람이다.

그런데도 불구하고 우리 둘은 친구가 되었고 어떻게 친구가 되었느냐는 학교 동문으로서 상통되는 이유가 있기 때문이다. 즉 모든 것의 극과 극은 통한다는 생각이다. 우리 둘은 서로의 체험을 통해 현 선생님은 부유함과 최고가 누리는 극지점 나는 나대로 가난함에서 누리는 극지점을 도달했기 때문이다. 이 두 가지의 극지점을 둘은 겪었고 어느 정도 인생의 극을 알고 있기 때문이다.

현 선생님과 우정을 나누면서 느끼는 것은 현 선생님과 같은 엘리트 지식인도 나이가 거듭할수록 나름대로 모든 것을 포용하고 이해하며 남을 배려하는 것을 터득한 것이다.

엘리트 정신이 있는 사람과 깊이 사귀면서 사람은 모두 서로 소통이 된다는 생각까지 하게 된다.

유유상종(類類相從)이란 말이 있지만 그 범위를 넘어 폭넓은 생각을 해 볼 수도 있는 것이다.

최근에 나는 목포가 고향이며 같은 동갑내기인 양장군님을 만나게 되었다. 군대 계급으로 보자면 그는 장군이었고 나는 사병인지라 줄을 이으면 끝이 없을 정도가 될 것이다. 그는 군인이어서 철저하게 시간을 맞추는데 나는 약속시간에 약간 늦게 도착했다. 그러나 그 분과 식사를 같이 하면서 그는 순수하게 나를 대접해 주었고 부담도 없었고 격의가 없는 식사자리였다.

구리에 있는 토평동에서 식사를 하는 동안 그는 음식물을 그릇에 담아 나에게 주었다. 장군님이 많은 접대도 하였고 접대도 받았는데 식사를 어찌하여 담아주기까지 하느냐고 했다.

그는 하늘이 무너지고 땅이 꺼지면 지구상에서 살아남을 수 있는 사람은 누구냐고 내게 물었다. 그는 많이 배운 사람도 아니고 건강한 사람이 아니라 현실에 적응한 사람만이 살아남는다면서, 나는 지금은 장군이 아니라 평범한 시민에 불과하다면서 있는 현실 세상을 살아가고 있으며 사람들은 세상을 과거의 착각 속에서 살지만 나는 과거 장군을 했지만 지금은 장군이 아니다. 별은 농장 속에 넣어버렸고 이미 저 한강물 속에 던져버린지 오래입니다라면서 그는 현실에서 살아야 한다고 했습니다.

그 분은 별이었고 나는 사병이지만 나를 똑같은 신분으로 대해 준 것이다. 군대를 갔다 온 사람이라면 장군이라는 계급과 위치가 일반 사병과 어떤 차이가 있는지는 알고도 남을 것이다.

고향길

20대초에 아무 것도 모르는 호기심에 여자를 알면서 순수한 젊은 나로서는 마음에 상처를 받았고 그의 인연으로 훗날 좋은 직장이었던 동명목재의 좋은 부서에서 근무하다 나오게 되었다.

당시 1970년도 동명목재 초봉이 2만 3천원이었고 이에 비해 학교교사 친구들 초봉이 2만원 이었다. 그 일로 직장을 그만두고 방황하는 세월이 5년이었고 고향에 있던 집사람을 만나 결혼을 하고 새 출발을 하게 되었다.

아무 것도 없는 8남매 장남에다 산골에 있는 가정, 그리고 약방 종사자의 봉급으로 생활이 되지 않았지만 아버지 장례식과 8남매 결혼식, 그 이후의 뒷바라지를 하였다. 나 역시 가장으로 생활하면서 학교에 다니게 되었고 집사람 역시 함께 대학교를 졸업했으며 복지사와 보육사 자격을 취득했다.

늘 싸우면서도 우리는 서로 같이 있어야 했고 떨어지면 궁금하고 못 견디는 생활을 해오고 있다. 지금도 늘 함께 다니는 것이 습관화되고 어디를 가나 같이 가는 시간이 많다. 우리 만남의 장소는 주로 소록도였고 따듯한 고향, 따스한 향기가 있는 고향 어르신들의 애정이 늘 그리워지는 고향이다. 순수하고 순한 고향 분들이 그립다. 나의 선영이 있는 고향은 나의 태자리가 묻혀 있는 곳, 늘 그립고 새롭게 만들어 내는 희망과 용기를 주는 고향땅이다.

2부 | 젊은 날의 실패담

" 누구나 실패를 경험한다. 가능한 한 젊어서 실패의 경험을 하는 것이 좋다. 그 실패를 통해 탈바꿈하며 알에서 새가 태어난다. "

경계선 없는 위수지역 45
운명과의 승부수, 83년도 한약업사 시험 49
3개 대학 중퇴와 6개 대학 졸업생 52
현실의 불만으로 알래스카 주로 이민하다 55
젊은 날의 초상과 어려운 현실 57 / 젊은 날의 야망과 정열 59
어려운 가운데 집을 장만하다 63 / 30대에서 가장 중요한 것 65
사람 보는 이야기 68 / 야누스의 얼굴, 성공과 실패 71

경계선 없는 위수지역

1969년, 제대 말년 병장 계급장을 달고 있던 나는 항상 외박을 나오게 되었다. 그런데 의정부 관할 지역을 넘어 누나 집을 가려고 의정부 위수지역을 넘은 창동까지 갔다. 그리고 거기서 칼라에 1군사 소속의 마크가 새겨진 것을 보고 수도 헌병대의 제지를 받게 되었다. 당시 헌병대는 카추사, 병참, 화약보급소, 의무병들을 많이 검문하던 시절이었고 그들에게 담뱃값이라도 얻기 위한 경우가 많았다.

그들은 불심검문을 하였고 그 때 관할 지역을 넘어선 것을 단속하는 기간이었다. 내가 위수지역을 이탈하였다고 현지이탈이라며 나를 수경사에 보냈다.

당시에는 박정희 대통령 군사 정권 시대여서 군대를 안간 미필자나 탈영병이 많아 군에서는 복귀하지 않은 군인들을 전국적으로 단속하는 기간이었다. 그 시기에 지역이탈이라는 명목으로 구속되게 되는 법적인 비운을 맞게 되었다. 제대말년에 도매금으로 휩쓸려 구치소까지 가게 된 것이다.

지역이탈로 즉각 나는 구속되었고 수경사의 수감자 방이 없어서 남한산성으로 이송하였다. 정식 영장이 떨어진 것이 아니고 대기하는데 수도 사령부에는 영창에 수감자가 많아서 있을 수 없기에 남한산성에 보내진 것이다.

남한산성은 유형자들이 형을 사는 곳으로 불합리하게 이곳에 보내진 것이다. 군구치소 생활이 남한산성 1개월 동안 수감 생활을 하면서 여러 가지 사회의 밑바닥을 직접 체험하고 보게 되었다.

아침 점호에서 저녁 점호까지 이어졌고 대소변도 통제를 받고 보았으며 자다보면 다른 수감자의 발이 코에 들어오는 웃지 못 할 고약한 상황이 연출되기까지 하였다. 우리 부대 지휘관은 소위였고 지휘관의 지역이탈 보고가 없으면 지역이탈 조치가 안되는데 제대를 앞둔 나로서는 지나친 조치였다.

조사를 받은 판결은 나에게 현지 지역 이탈이라는 이유로 집행유예 판결이 내려졌다. 그 뒤 1개월을 남한산성에서 보내다 미결수로 나오게 되었다. 그리고 헌병대에서는 군 집행유예를 삭제해 줄 터이니 대가로 금전을 달라고 내게 요구했다. 적은 돈이지만 사병이라서 돈이 없었다.

그 때는 제대를 앞두고 평상시처럼 외박 나온 일이지만 지역이탈이라는 명목으로 건수 올리는 기간에 희생되면서 당시는 구속되는 것이 억울하다는 생각이 들었다. 결국 이 일로 인해 나는 제대한 후에 부산시 경찰공무원 시험에 통과하고도 면접시험에 최종적으로 불합격 처리되었다.

경찰공무원이 되려면 신원조회를 하게 되는데 나의 신원조회는 군 생활 기록에 집행유예 기록이 있어 최종 시험에서 불합격된 것이다.

그러나 당시 나에게는 이러한 제의를 받아들일 만큼 경제적인 여유가 없었다. 결국 군대 시절의 이러한 일로 인해 부산시 경찰공무원 시험에 탈락하는 비운을 맞았다. 특별히 다른 생각으로 위수지역을 넘어선 것도 아니고 매주 나오는 누나 집에 가기 위해 대수롭지 않게 생각하였던 나의 병장 말년의 시련이 나의 인생을 뒤바꾸는 계기가 된 것이다.

군 생활을 하면서 받은 군 현지이탈 집행유예 판결과 행정적인 과대 규제로 큰 피해를 입게 되었고 이것에 대해서 젊은 시절 나는 두고두고 후회하는 안타까운 사정이 발생하게 된 것이다.

그 후 고흥읍에 있는 송경섭 전 국회의원의 한약방으로 들어가서 생활을 하게 되었고 나의 인생에서 중요한 만남을 갖게 되었고 전 국회의원이셨던 송경섭 의원님을 모시게 되었다.

송경섭 의원님은 나를 보시고 한약방에 종사하는 것이 어떻겠느냐고 권유하셨다. 송경섭 의원님의 권유를 나는 받아들였고 이것으로 인해 나는 한약방에 발을 들여놓게 되었다.

고흥읍에 위치한 이 영위당 한약방은 하루에 100명 이상이 오는 읍 소재지치고 손님이 제일 많은 큰 한약방이었다. 손님이 너무 많았으며 그래서 경쟁업체인 주위 약국, 약방에서 압력을 받기도 하였으나 송경섭 의원님은 국회의원이었던지라 이를 막아낼 수가 있었다. 당시 신석우 선생님은 침술의 명인이었고 나는 함께 보조를 했다.

운명과의 승부수, 83년도 한약업사 시험

한약업사 일에 종사하면서 나는 한약사 시험에 도전하여 국가에서 공인된 자격을 가지고 생업에 종사하고 싶었다. 이 시험 자격은 고등학교 졸업 이후로 5년간 근무경력과 보건소장과 주위 인증서가 있어야 시험 응시 자격이 주어진다. 그래서 1983년 마지막으로 치러지고 폐지되는 한약사 시험을 치르게 되었다.

한약업사 시험은 당시 한의사 시험보다 어렵고 수준이 높은 시험으로 불합격시키기 위한 시험이라는 말이 떠돌기도 했다. 시험결과는 85점이란 고득점에도 불구하고 불합격 되었다.

당시 시험은 전국적으로 치러지는 1차 시험 40점 이상이 되어야 1차 시험 합격으로 2차 시험을 볼 수 있고 2차 시험은 지역별로 20점 이상 총 60점 이상이 합격선이었다. 이 때 성적순으로 당락이 결정되지는 않고 하위법이 상위법을 위반한 인원을 축소하는 시험이었다.

커트라인을 넘기면 합격하는 지금의 자격시험과는 다르게 최초에 없는 시험제도였다. 그 당시 한약사 시험은 한약사 정원을 조정하는 상대평가 시험이었고 한약사에 종사하는 인원을 고려해 그 자리가 비여야지만 합격하는 시험이었고 그래서 시험을 본 나로서는 불리한 제도였다.

당시 시험에서 나는 85점을 맞고도 탈락하게 되었다. 지역에 따라서는 60점이라는 저득점에도 불구하고 합격자가 속출했다. 이러한 문제의 소재가 발생한 것은 간단하게 국가행정지침에 의해서라는 것이었다. 처음이자 있을 수 없는 시험제도였다.

정부에서 한 번 발표한 것에 대해서는 정부는 잘못된 것이라도 인정을 하지 않는다. 법으로 보장된 것을 장관지침으로 축소하여 하위법이 상위법을 위반하였으나 그대로 잘못된 시행이었다. 그리고 시험이 자격시험인지 허가시험인지도 불분명한 명백한 정부 측의 잘못된 시행이었다. 생명을 다루는 국가시험을 성적순위가 아닌 처음 시험이었고 마지막 시험이었다.

국가의 행정편의주의로 인해 실력 있는 사람이 떨어지는 불운한 일이 발생한 것이다. 이 같은 시험제도에 대해서 나의 불합격 처분에 대해서 나의 생업과 밀접한 관계가 있기에 나는 이에 대해 소송을 제기하게 되었다.

그리고 이 소송은 25년간의 길고 긴 법정투쟁으로까지 이어졌다.

공무원들은 잘못하면 절대 시인을 안 한다는 것을 이 투쟁으로 깨닫게 되었다.

결국 이에 대한 한이 맺혀 이민을 결심하였고 한국에서 태어난 것, 사는 것이 원망스러워 이민을 결심하였다. 법은 공평하고 평등해야 하나 이렇게 악법도 법은 법이라고 할 수 있는지 그 동안의 이러한 악법으로부터 나는 큰 아픔과 고통을 당했다. 지금도 나는 법을 공평하다고 믿고 싶으며 악법도 법이라는 생각을 가지고 있다.

법은 공평하나 행정편의주의로 인해 나는 막대한 피해를 입었다. 실력 있는 사람을 뽑아야 하나 생명에 직결되는 시험을 성적 순위가 아니라 행정편의주의적인 그리고 실력이 없는 사람이 선발되는 사건을 보면서 그 상처로 인해 이 업종에 몸을 담고 있는 나로서는 지금까지 타격이 크다.

3개 대학 중퇴와 6개 대학 졸업생

한약업사 시험에 실패한 이후 한의대로 편입하려 했다. 그리고 입학할 수 있는 조건은 되었으나 공부를 할 동안 편입 후 4년의 기간 생활비와 학비를 벌어들일 사람도 없었고 여유도 없었다.

원광대학교에 편입할 수 있는 좋은 기회가 왔으나 경제적 여건과 가정 생활비를 조달할 수가 없었으며 특히 아들 둘인 가장의 입장에서는 나의 미래를 위해 현재 당장 시급함을 손 놓고 볼 수만은 없었다. 한의대로 편입할 수 있는 절호의 기회와 길이 열렸으나 생활환경과 경제적 여력이 허락하지 않았다.

83년도 한약업사 시험에 불합격하고 여러 대학의 문을 드나드는 결과가 빚어졌다. 사회적 욕구의 불만이 내가 대학 졸업장이 6개가 된 까닭이다.

시간이 지나 목포대학교 생약학과를 벌면서 갈 수가 있었다. 기간도 2년이었고 대학원까지 졸업을 하고 학부 편입을 했다.

목포대학교 생약학과의 교수님은 모두 30대의 교수님이셨다. 대부분 전임교수였던 것이다. 그래서인지 그들은 얼마나 권위의식이 강했는지 모른다.

학생을 사랑으로 지도하고 인성교육으로 지도해야 하는데 교수라는 권위적으로 지도했다. 당연히 이로 인해 교수님들과 학생들과 감정대립이 엄청나게 발생했다. 학사 편입해서 2년 동안 다니고 1학점이 부족해서 졸업을 못하는 000학생이 나오기도 했다.

여기서 나이 든 교수와 젊은 교수, 노련한 교수의 상대성이 평가되었다. 젊은 교수는 신임 장교 같아서 경직성이 있었고 융통성이 없었다. 아무것도 모르면서 권위만 내세우는 것이었다. 이들 30대의 생약과 교수들은 너무 사회를 모른다. 그래서 나이가 책보다 낫다는 말도 있다.

목포대학교는 국립대학이어서 교수님이 공무원이기 때문에 사립대학 교수님들과 큰 차이가 있었다. 예를 들어 내가 아는 목포해양대학 총장님은 너무나 겸소하고 인격적이다. 그는 사람들에게 친절하며 사랑을 전파한다. 내 친구들과 지인들도 총장이 있으며 그리고 많은 친구들도 교수였다.

학교를 여기저기 다니다 보니 목포대 생약과, 광주대 법학과, 동국대 경영전문대학원, 목포과학대 물리치료과, 사이버대 복지과, 서울사회복지대학원 등 6개 대학을 오가면서 졸업을 했다. 다니다만 대학도 4개 대학이었다. 캘리포니아주 커넬대 한의과, 동국대 식품공학과, 방송통신대 환경보건과, 보수신학대학 등은 다니다가 졸업을 포기하고 중퇴하게 되었다.

한약업사 시험에 떨어지고 세월이 지나도 방황하였으며 어디에 정착하고 돛을 내릴 수가 없었다. 뿌리를 내리지 못하고 만족하지 못하여 세월과 금전만을 학교에 낭비한 것은 이에 대한 근본 원인이 행정규제로 인한 나의 한약업사 시험 불합격에 있는 것이었다.

생약과 재학 시에는 나이 든 학생들이 많았다. 그러나 나이를 불문하고 나이 드신 분들도 아주 힘들게 열심히 공부하였다. 나도 마찬가지로 50이 넘어 공부하려니 하루에도 몇 번씩 포기하려 했다.

생약과 생활의 학점 역시 쌍권총이라는 F학점을 세 개나 맞기까지 하였다. 그 당시 학교에서 나이 든 사람은 생활 전선에 뛰어들어 가정을 이끌고 수업에 참석하는 2중, 3중의 고생을 하였다. 그러면서 학교 수업은 원칙대로 받아야 했다.

목포에서 생활하며 공부할 때 학점을 채우려 여름철에도 강의를 받아야 했으며 방학도 제대로 없었다. 경비는 더욱 깨지고 생활고에 더 시달리게 되었으며 50대 중반 목포에서의 학교생활이 그 동안의 학교생활 중 가장 힘들었고 교수들의 인격과 경험 부족을 시험으로 학생들을 쥐기 위해서였고 수업을 들어도 나이 들고 경험이 많은 학생은 교수들이 틀려도 아는 체 하지 않았고 공부하는 생활이었다. 정말 학교는 졸업장을 파는 것인지 하는 생각이 들기까지 했다.

현실의 불만으로 알래스카주로 이민하다

85점이라는 고득점에도 불구하고 한약업사 시험에 떨어진 나로서는 솔직하게 이야기 하자면 이러한 일이 발생하는 한국이 싫어졌다. 한국의 법, 그리고 형평성에 대한 원망과 욕구 불만이 내재하고 있었다.

당시 나는 85점을 맞고 떨어진 내 스스로 한약 업에 종사할 만한 매력도 없고 목적은 좋았지만 그것은 지나친 자기 합리화였고 위선자라고 느껴졌기 때문이다.

그리고 외국으로 나가 살아야겠다는 결정을 하게 되었다. 처음에 로스앤젤레스에 흑인 촌에 있었는데 흑인 촌에서 경비가 싼 자취생활을 했으며 흑인 폭동에 겁이 나기도 했다. LA는 6년 이상 되어도 영주권을 받기 어려웠으며 알래스카주 앵커리지는 1년 반 가량이면 영주권과 정착금이 나와 이 지역으로 가게 되었다. 앵커리지 전체에는 당시 교포가 5천 명가량 되었다. 다행인지 불행인지 알 수가 없었지만 이곳 교민회 회장이 불러주어서 이민을 결정하였다.

알래스카의 앵커리지로 가서 거기서 당시 한화 500만 원 가량의 보수를 받고 일하게 되었다.

처음에는 한약방 사무실의 2층 공간에서 개업해서 일상생활을 하게 되었다.

그 뒤 나는 그곳에서 심한 향수병에 걸리게 되었다.

향수병에 걸리니 이민생활 중 밥을 먹어도 눈물이 났다. 일요일이면 같은 한국인인 교민들을 만날 수 있으니 일요일이 손꼽아 기다려졌다. 더욱이 어려울 때 교민들에게 의지하고 싶어 교회에 나가게 된 것이다.

향수병에 걸리니 집에서 전화만 와도 눈물이 앞을 가렸다. 한국에 오니 언제 그랬냐는 듯 일요일 교회에 가지도 않고 눈물이 흐르지도 않게 되었다. 한국에 와서는 이처럼 향수병이 자연적으로 치유된 셈이다.

그리고 다시는 한약업에 종사하지 않겠다고 굳은 결심을 하였고 그 물은 절대로 먹지 않겠다고 다짐도 했건만 운명의 장난인지 다시 한약업으로 나의 생계를 꾸려나가고 있다.

그렇게 보면 세상사는 인간의 힘으로 되는 것도 있지만 노력과 무관하게 되지 않는 것도 비일비재하다는 것을 실감하게 되었다.

젊은 날의 초상과 어려운 현실

30대 가장 중요한 인생의 황금시기를 두 번의 시험 낙방으로 갈팡질팡하면서 방향을 잡지 못하고 지냈다. 경찰시험에 낙방하고 한약업사 시험에 낙방하고 그 뒤로부터 때로는 자괴감으로 때로는 현실에 대한 불만으로 좌충우돌하며 보낸 것이다.

나의 가장 큰 실패원인과 충격은 앞에서도 이야기하였듯이 한약사 시험에 85점을 맞고도 떨어진 것이다. 그리고 한약사 시험을 준비하기 위해 광주에서 서울에서 학원까지 다니며 밤을 새워 공부를 했다.

그러면서 그 동안 나를 아는 사람들에게 내가 한약사 시험을 본다고 집안 애경사도 참석 못하면서 공부하였고 불합격이라는 것은 생각하지도 못했다.

열심히 완벽하게 공부하면 합격은 할 것이라 생각되었기 때문이다.

형제자매도 이런 나의 공부하는 것을 알게 되었고 심지어는 여동생의 결혼식장에 가는 것도 포기한 채 공부에만 전념하였다.

그러나 막상 시험에 불합격되니 그 후유증은 평생 갔고 그 영향은 내 인생의 풍파를 일으키기까지 하였다. 불합격 통지를 받고 나서 3개월 동안 불면증으로 잠이 오지 않았다.

자다가도 벌떡 일어나 앉기도 하였고 2년 동안 고향에 내려가지도 않았다. 나를 아는 모든 사람에게 창피스러웠던 것이다. 그 충격으로 나는 그 좋고 아름다운 청춘의 시절 정처 없이 헤매며 인생의 길을 걸어야만 했다.

젊은 날의 야망과 정열

비록 경제적 여건은 안되었지만 젊은 시절 나에게는 정치가로서의 야망도 꿈틀대기 시작했다. 입신양명(立身揚名), 수신제가치국평천하(修身齊家治國平天下)의 꿈을 가지기 시작하였고 이러한 야망을 꽃 피우기 위해 여러 노력을 했다.

매년 1월 1일이 되면 정치가들에게 얼굴을 익히려고 여러 군데로 새해인사를 다녔다.

이름 석 자만 들어도 다 아는 김영삼 전 대통령, 고 김대중 전 대통령, 이철승 전 대표, 한영수, 김상현, 이기택, 권노갑, 신순범, 김재광 국회의원, 정성태 국회부의장 집을 드나들며 정치에 대해 배우고 알기 위해 심혈을 기울였다.

그러면서 내가 깨달은 정치적 소견으로 정치는 정도를 가는 하는 것이며 성공하는 것이었다. 젊은 시절 나는 야망이 있었다.

젊은 날 꿈을 실현하기 위해 정계에 출마 한 번 못하면 평생 후회가 될 것 같았다. 그 당시 젊은 날의 꿈은 정치가로서 성공하는 것이었다. 그래서 제3세대당의 창당에 참여하여 발기인이 되기도 하였다. 그리고 창당멤버 20명 중에 이름을 올렸다. 정치가로서 크기 위한 기반을 닦았다.

그러나 지금 생각해보면 정치가로서 국가와 국민에게 봉사하는 것도 나에게는 운이 없는 것이라고 여겨진다. 결국 모든 것은 때가 있는 것이다.

욕심내지 않고 탐내지 않아도 시기가 되면 자연스럽게 얻고 싶은 것을 얻게 되는 것이며 거기에는 인간의 힘으로 쉽게 되지 않는 천지의 법칙이 따르는 것이다.

더욱이 젊은 날의 나는 오래 참지도 못했고 즉 인내가 부족했으며 노력도 부족하였다. 뒤늦게 안 일이지만 내가 오래 참을 줄 아는 인내력이 있었더라면 여러 면으로 지금보다 더욱 행복했을 것이다.

인내할 줄 아는 것은 여러 가지로 자신을 성숙하게 만든다. 또한 자신의 그릇도 커지는 즉 포용력이 커지게 된다. 싫은 사람, 미운 사람도 포용하게 되고 그들의 입장을 충분히 이해하게 된다. 한마디로 큰 그릇으로 성장하기 위한 면모를 갖추게 되는 것이다.

포용력을 갖추게 되면 인간관계도 성숙하게 된다. 다른 사람이 자신에게 무엇을 원하는지도 알게 되고 자신의 행동반경에 대해서도 고심하게 되고 결국 사람을 적으로 만들지 않게 되는 것이다.

적을 만들게 되면 그것은 크든 작든 나중에 자기에게 큰 손해가 되어 돌아오기 마련이다. 포용력을 가지게 되면 사람들이 몰리게 된다. 자신의 그릇으로 다른 사람들의 잘못이나 약점을 포용하기 때문이다.

그리고 쉽사리 다른 사람에게 화를 내거나 다투지도 않게 된다. 상대편을 받아주고 이해하기 때문이다. 그렇다고 포용한다는 것은 상대의 잘못이나 실수를 곧이곧대로 눈감고 넘어간다는 말은 아니다.

상대의 잘못을 알긴 알되 그것을 감싸주고 용인한다는 것이다. 이러한 사람에게 사람들이 모이기 마련인 것이다. 세상 사람들은 간단한 이치에 살고 있다. 그것은 자기를 좋아하는 사람은 좋아하고 싫어하는 사람은 싫어한다는 간단한 이치이다.

자기를 싫어하며 싫은 내색을 하는 사람을 무슨 이유로 좋아하겠으며 설령 그렇더라도 자신의 목적을 채우면 좋아하지 않을 것이며 자신을 좋아하는 사람이라면 자신도 호의를 베풀 것이다.

포용력이라는 것은 바로 사람들을 좋아하는 덕목 중의 하나이다. 사람들을 아끼고 돌보고 감싸주기에 사람들이 이 같은 포용력이 있는 사람에게 몰리는 것이다.

더욱이 젊은 날 나에게는 노력도 부족했다. 무슨 일을 이루기 위해서는 자신의 모든 것을 걸고 거기에 전념하며 목표달성을 위해서 최선을 다해야 하는데 개인적으로 이러한 노력도 부족했던 것이다.

명심보감에 하늘은 스스로 돕는 자를 돕는다는 말이 있다. 동양 속담에는 진인사대천명(盡人事待天命)이라는 말이 있다. 자기가 할 수 있는 노력을 다해 본 뒤에 하늘의 도움을 바라라는 뜻이다.

그리고 인생사에서 자기가 최선을 다해 노력을 하면 뜻하지 않은 도움이 되거나 이루어지는 경우도 많다. 그런데 나는 최선을 다해 노력하지 않고 행운을 바라고 있었던 것이다.

그 결과 나에게는 찬바람이 부는 매몰찬 세상살이를 경험하게 되었다.

어려운 가운데 집을 장만하다

한약방에서 있으면서 아내를 만나 결혼하게 되었다. 처음에 아내는 한약방에 손님으로 왔다가 알게 되어 인연이 있었던지 백년가약을 맺게 되었다. 아내에게 재복이 있었던지 이때부터 나의 경제적인 형편은 좋아지기 시작했다. 고흥군을 떠난 서울에 있는 초등학교 고향친구들 중에서 가장 먼저 집을 장만하였고 또한 그 당시 부유층의 상징이었던 포니원이라는 자동차까지 마련하게 되었다.

지금도 생각해 보면 집을 장만했을 때가 나에게 인생에서 가장 보람 있는 일이었다. 그 때만 해도 서울 시내에 집을 소유한 사람은 몇 %밖에 되지 않았다. 그러다 아내를 만나 5년 만에 35세에 집을 장만한 것이다. 당시 나는 포니원을 타고 시골집에 가며 즐겁고 행복했다.

당시 한약업에 종사하여 절약하고 검소하게 산 결과로 운 좋게 일찍 집을 장만한 것이다.

어릴 때 아버지가 실패해 가산을 탕진하고 처음으로 집을 장만하니 더할 나위 없이 기뻤다.

지금에 와서 돌아보면 내 주위 친구들에 비해 내가 제일 힘들고 빚더미에 앉아 있다. 그리고 이러한 나의 운명에는 군대를 정상적으로 제대했으나 관운이 없어 경찰 시험에 불합격했고 한약사 시험에 85점이란 고득점에도 불구하고 불합격이 되었다.

30대에서 가장 중요한 것

젊다는 것은 큰 자산이다. 나이가 들면 건강, 시간, 가족은 황금을 주고도 살 수가 없다. 가족을 살 수 없다는 의미는 적은 내부에 있듯이 가정이 화목하지 못하고서는 사회에 아무리 행세해도 성공한 것은 아니다.

30대에 가장 중요한 것으로 기회를 포착하는 것과 다양한 경험을 체험해보라는 것, 마지막으로 친구와 우정을 나누는 것이라고 이야기 할 수가 있겠다.

누구에게나 기회는 오기 마련이다. 그리고 이러한 기회를 잘 포착해야 한다. 그 기회는 한 번 포착하지 못하면 그만큼 더 고생해야 찾아온다. 때가 왔는데 그 때가 기회인지는 잘 모른다.

나도 젊은 시절 고흥에 있는 동방여객 송성섭 사장님이 함께 한약 도매사업하자고 두 번이나 제의를 받았다. 그러나 이러한 제의를 뿌리쳤는데 지금은 후회가 된다. 당시에 나는 항상 젊고 기회가 많은 줄로만 알았던 것이다.

만약 이 때 도매사업을 했더라면 경제적으로 큰 재벌이 되었을 것이다. 당시 길목 입구의 땅 가격이 평당 2백만 원 정도였고 좋은 건물도 살 수 있는 돈이다.

중요한 것으로는 체험이라는 것이다. 이처럼 체험을 통해 발전하고 성장하고 성숙하는 것이다.

마지막으로 젊은 시절 중요한 것으로 좋은 친구라고 할 수 있다. 만나서 친구가 된다는 것도 좋은 운명이 될 수가 있다. 부모를 만나는 것은 숙명적이다. 그러나 성장하면서 여러 가지의 만남이나 친구와의 만남은 운명이라 바뀔 수가 있다.

대학을 나와서 판 · 검사가 되고 박사가 되는 사람도 있고 시골에서 생활의 폭이 좁으면 이들은 서로 생각하는 것과 생활이 너무 다르기 마련이다.

친구가 될 수도 있지만 현실적으로 우정을 나눌만한 공감대가 형성되기 어렵다. 즉 서로 잘 통하지 않는 것이다. 친구는 서로 생각이나 생활이 비슷비슷해야 한다. 즉 서로 처지가 비슷해야 공감대가 형성될 수도 있고 동고동락할 수가 있는 것이다.

나아가 경제적으로도 서로 비슷해야 한다. 독일 같은 선진국에서는 더치페이라는 것이 있어 한 사람이 계산하는 것이 아니라 각자가 계산을 한다. 그러나 우리 문화는 금전이 있는 사람이 일방적으로 계산한다.

그러다 보면 금전이 있어서 내는 사람 앞에 없는 사람은 기가 죽고 자기 의견을 말하지 못하게 되는 폐단이 있다. 그래서 금전은 서로 각자 계산을 하든지 서로 번갈아 가면서 계산을 해야 한다. 그래야 우정이 지속될 수 있고 속마음을 드러내는 진솔한 이야기를 할 수가 있다.

살다보면 친구들도 잘 나가는 사람에게 모여든다는 것을 알 수가 있다. 실패하면 자기에게 피해가 될까 떠나는 것이 세상의 인심이다. 잘 나갈 때는 무슨 덕을 볼까 주변에 모이는 것이다.

그래서 친구는 네 종류가 있다. 먼저 꽃이 피었을 때 좋다고 따라다니며 칭찬하고 시들면 꽃을 언제 보았느냐 버리고 가는 친구, 의리도 없이 이득 있는 쪽으로 기우는 저울대 같은 친구, 변치 않는 산처럼 항상 제자리에 있는 산 같은 친구로 산은 언제나 제자리에 있지만 사람이 가까이 가고 멀리 갈 뿐이다. 흙같은 친구는 꽃을 피게 하고 나무를 자라게 하고 다른 사람을 도와주는 친구. 이처럼 친구 종류가 네 가지가 있다.

또한 친구들을 여럿 사귀다보면 감탄고토(甘呑苦吐)하는 친구들도 있고 의리 없는 사람도 많다, 자신의 이익을 위해서 친구간의 의리도 배신하는 것이다.

사람 보는 이야기

사람의 종류는 의학에서 5가지로 나눌 수 있다. 먼저 하느님과 똑같은 사람이 진짜 사람이고 죽지 않고 우주 공간을 마음대로 움직이며 하느님과 같은 사람을 사람이라 하고 하느님을 닮아갈 수 있는 성품을 가진 진인(眞人)으로 이러한 사람은 진리를 깨달은 사람이라고 할 수가 있다. 나머지 세 가지는 성인, 현인, 야인이다. 의학에서는 이와 같이 다섯 가지로 분류를 한다.

진인은 자연의 법칙을 잘 아는 사람이다. 뿐만 아니라 음양과 호흡과 정기를 잘 파악함으로써 그에 맞게 잘 지켜서 신기와 힘살을 온전하게 하여 오래 사는 것이 천지와 같이 끝이 없으며 그 이유인즉 그가 양생하는 법칙에 맞추어 살기 때문이다.

그 다음으로 지혜와 덕이 뛰어나 우러러볼만한 존재인 성인(聖人)이 있다. 공자나 석가모니 같은 인물이다. 성인(聖人)은 천지조화에 따라 지내며 8풍(八風)에 잘 적응하는 사람이다.

또한 보통사람들처럼 욕심도 부리지 않고 성내는 일이 없으며 풍속에 벗어나는 행동을 하지 않고 세상에 없는 일을 하려고 하지 않는다.

그리고 겉으로는 일로 몸을 과로케 하지 않으며 속으로 걱정하지 않으면서 마음을 즐겁게 하고 만족하는 데 힘을 쓰는 사람이다. 그리하여 몸이 상하지 않고 정신을 흩어놓지 않았기 때문에 오래 살 수가 있다.

그 다음에는 어질고 총명한 현인(賢人)이 있으며 자연의 법칙에 따라 해와 달과 별이 돌아가는 데와 음양의 변화에 순응되고 사철을 가릴 줄 알았고 힘써 양생하는 법칙에 부합되게 살기 때문에 역시 수명을 연장시켜 오래 살게 된다. 우리 역사상에는 신사임당의 아들인 이율곡 같은 분이 현인에 속한다.

마지막의 인간형으로 우리와 같은 야인(野人)이 있다.

이처럼 인간형에는 5가지의 종류가 있다. 하나님 같은 진짜 사람, 진인이 나 성인, 현인은 누구나가 추구하는 이상적 인간형이지만 쉽게 도달할 수도 없는 경지에 이른 사람이다.

대개는 현인이나 야인으로 인간은 살아가기 마련이다. 나는 이러한 인간형을 가지고 사람을 구분하여 가려본다. 쉽게는 그 사람의 인품과 능력 두 가지로 사람을 구분하기도 한다.

인품이나 능력은 사람을 나누는 기본적인 토대가 되기 때문이다. 그리고 인품이 있고 능력이 있는 사람을 선별해서 사귀기 위해 노력한다.

하느님 같은 사람인 진짜 사람, 진인, 지인, 성인, 현인, 야인은 동양의학에서 나오는 이야기로 앞의 네 종류는 도달하기는 어려우나 인간이 추구해야 할 이상적인 인간임에는 틀림없다. 이러한 사람을 만나기도 어렵겠지만 이러한 사람이 있다면 그와 더불어 품위 있는 삶이 될 것이다.

야누스의 얼굴, 성공과 실패

인간은 실패 속에서 체험하고 이를 통해서 자기 인생을 강하게 연단하고 그러므로 이 실패는 지혜를 이끌어 준다. 실패를 통해 지혜를 체득하기 마련인 것이다.

인생은 운명과 숙명의 연속선상에 있다. 그리고 개인적으로 인생을 연구하기 위해서 자미두수라는 별자리 운세를 연구함으로 천지의 움직임에도 큰 관심을 가지고 있다.

사람들은 결과론적으로만 이야기하는 경향이 있어 성공한 사람에게는 관심을 갖지만 성공하지 못한 사람은 별로 관심을 보이지 않는다. 그러나 실패 속에서 체험을 하고 얻을 것이 많다.

공자는 자기보다 못난 사람도 세 가지 배울 점이 있다고 가르쳤다. 우리의 실패 속에서도 배울 점이 있다. 비아그라는 원래 혈압과 심장병에 관련된 약인데 지금은 남성의 발기용 치료제로 사용하고 있다.

이처럼 실패한 데서 성공의 기반을 찾을 수가 있다. 우리의 실패 속에서 배울 점이 있는 것이다. 그리고 간절히 체험하고 느낀 것은 쉽사리 표현하지 못하지만 인생의 중요한 성공을 하게 되는 원인이 되는 것이다.

실패하게 되는 것은 실력이 남보다 부족하거나 능력이 부족해서가 아니다. 실패 속에서 똑같이 체험하고 사회에 가치 있고 공감하며 보탬이 되는 지혜를 얻을 수가 있다.

또한 실패한 책임이 모든 제도와 주위의 환경이나 여건이 그를 범법자나 실패자로 만드는 경우도 있는 것이 한국 사회의 한 단면이다.

그리고 사회적 동물인 인간은 혼자만의 힘으로 성공할 수가 없다. 보통사람들은 실패한 사람을 부족하다고 하나 성공한 사람은 똑똑하고 잘나고 영리하다고 한다. 그러나 패배자도 하나의 인간으로서 권리와 행복을 누려야 한다.

패배한 사람이 가진 토양, 즉 밑거름이 사회의 좋은 자양분이 되기도 한다. 곡식이 썩어 열매를 맺듯 실패를 통해 성공의 원천이 되기 때문이다.

고난과 역경은 자신의 내부에 잠자는 용기와 지혜를 깨우쳐 준다. 그래서 창조를 가능하게 하는 것이다. 고난을 통해서 정신적, 영적 성숙을 하며 나는 고난을 하늘이 내려 준 선물이라는 말을 하고 싶다.

석가모니도 일생을 편하게 살 수 있는 왕자의 자리를 박차고 나와 고행을 몸소 체험함으로서 보리수 아래에서 드디어 깨달음을 얻고 해탈하게 되었다. 이처럼 고난을 겪어야 인간은 인간다워지고 성숙해지며 자신을 가다듬게 되는 것이다.

우리가 사는 자본주의 사회는 그 기본적인 평가기준이 금전이다. 그러나 도덕과 양심을 저버리고 금전만을 추구하는 황금만능주의 사상을 가져서는 안 된다.

우리 사회는 잘못이 되풀이되게 하는 사회라고 볼 수 있다. 문제가 되는 사건의 근본 원인을 분석하고 연구해야만 재발이 방지되는데 잘못을 덮어버리는 것이 반복되는 사회이다.

최후의 목표가 금전을 버는 것이라고는 하지만 금전을 벌기 위해서는 너무나 가식이 앞서야 하며 진실이 통하지 않을 때도 있다. 심지어는 진실한 사람이 손해를 보기까지 한다.

현실은 수단과 방법을 가리지 않고 금전만을 버는 사회이다. 그러나 금전만 벌면 과연 될 것인가 의문을 가지고 있다. 가난하다고 못 산다고 마음이 나쁘고 태만하게 산 것은 아니다. 사람들은 과정보다 결과만 놓고 판단한다. 그래서 성공한 사람만을 높이 평가한다.

그동안 나는 음지에서 병들고 소외되었고 없는 분들과 함께 살아왔다. 그리고 이에 대한 반대급부로 대항하면서 살아왔다. 성공은 무조건 열심히 한다고 되는 것은 아니다. 시대의 흐름을 잘 알고 대비해야만 한다.

태양만 있다고 식물은 살 수가 없다. 식물에게는 빛 이외에도 여러 가지 음과 양이 조화를 이루어야 살며 여기서 빚어내는 영양분이 있어야 꽃을 피우고 열매를 맺을 수가 있기 때문이다.

음양의 조화가 균형이 유지 돼야 음과 양이 공존하는 것이다. 즉 가진 사람과 못 가진 사람이 공존하며 살아야 하며 이러한 차이는 세상이 존재하는 한 지속될 것이다.

태양도 달도 지구도 모두 둥글다. 세상살이도 둥글다. 세월은 바뀌기 마련이다. 잘 나간다고 교만하여서도 안 되고 어렵다고 해서 낙심할 필요도 없다. 인생이 둥글기 때문에 역전이 가능한 것이 세상살이이기 때문이다.

머슴이 똑똑해야 주인이 양반 노릇한다는 말이 있듯이 세상에 독불장군은 없다. 상하 계층이 서로 공존해야 하며 눈앞의 이익에만 급급해서 대사를 그르쳐서는 안 된다.

3부 | 인생과 건강

"건강에는 신체적 건강과 정신적 건강, 그리고 사회 적응력과 직결되는 사회적 건강이 있다. 건강의 소중함은 건강을 잃고 나서야 그 가치를 알게 된다. 누구나 살아가면서 한번 이상 몸으로나 마음으로나 건강을 잃게 된다."

신체적 건강 77 / 정신적 건강 82 / 사회적 건강 85
평생의 자산, 윗사람 모시기 87 / 한방과 양방 90
건강을 살리는 숲, 건강 서적을 펴내다 92
솔잎과 소나무 97/ 솔잎 식용의 역사 99
놀라운 숲의 효능 이야기 103 / 신체에 좋은 한방 이야기 108
한방의 미래 111 / 40년 동안 한약 종상 113

신체적 건강

돈을 잃으면 많이 잃은 것이요, 신용을 잃으면 더 많이 잃은 것이요, 신뢰를 잃으면 다 잃은 것이라는 명귀가 있다. 사람들이 대체적으로 추구하는 것은 부와 명예일 것이다. 그러나 이러한 두 가지 요소도 건강을 잃게 되면 모든 것을 잃게 된다.

아무리 많은 재산도 건강을 잃으면 소용이 없게 된다. 건강을 회복하기 위해 애쓰고 땀 흘리며 번 재산도 모두 쏟아 부어야 하기 때문이다. 그리고 건강이 좋지 못하면 재산이 많아도 이것을 누릴 수가 없게 된다.

주위에 사람을 보면 재산을 많이 가지고 있는 사람들도 있다. 그런데 안타깝게도 이러한 재산을 가지고 누리지 못하는 사람들도 있다. 재산이 많기는 한데 그 가진 재산으로 풍족스럽고 만족하며 행복을 누리지 못하는 경우가 있기 때문이다.

결과적으로 땀 흘리며 벌어서 그 재산을 만족하게 사용하지 못하고 오히려 다른 사람들이 그 혜택을 누린다면 이것은 인간사의 아이러니한 일중의 하나인 것이다.

그리고 많은 재산을 벌기 위해서는 다른 사람들보다 더욱 배가의 노력을 해야 벌수가 있는 사실은 당연한 사실이다. 육체적으로 더 일을 하든가 아니면 정신적으로 더 일을 해야 남들보다 많은 재산을 벌수가 있는 것이다.

이러한 육체적, 정신적으로 소모하는 것은 다른 사람들에 비해 건강이 좋지 않게 되는 것은 필연적인 일이다. 애써서 재물을 모아서 그 다음에는 건강이 좋지 못하여 여기에 재산을 쏟아 붓는다면 그것은 얼마나 안타까운 일인가?

재산을 버는 것도 쉬운 일은 아니지만 건강을 생각해 가면서 효율적으로 재산도 벌어야 한다. 재산을 늘린다는 것은 틀림없이 다른 사람이 생각하지 못했거나 하지 않는 일을 했다는 증거이다.

그 결과 다음에는 그 재산을 벌어들인데 대한 대가를 치르어야 하는 셈이다. 금전을 손에 쥐고도 사용하지 못하고 먹을 것 못 먹고, 입을 것 못 입어 가면서 벌어도 결국에는 자신의 건강을 챙기지 못하면 공든 탑이 무너지는 것이다.

재물을 많이 벌여 들여도 자신의 일신을 위해 사용하지 못하고 다른 사람을 위해서 사용한다면 모두 부질없는 노릇이기 때문이다.

그러므로 건강의 중요성은 아무리 강조해도 지나치지 않는다는 말이 있는 것이다. 금전이 많아서 사용하면서 남들이 일 할 때 논다고 하더라도 남들 일 할 때 일하고 놀 때 놀아야지 인생이 보람이 있는 법이며 건강을 지키는 요체가 되는 것이다.

많이 벌어서 쉴만하면 건강이 뒷따라주지 않는 경우도 허다하다. 그 많은 재산을 자신의 욕구를 위하여 사용하지도 못하고 고스란히 자신의 건강 치유를 위해 쏟아 붓거나 다른 사람의 욕구에 충족시키게 되는 것이다.

그래서 건강한 삶이 중요한 것이다. 이러한 건강한 삶을 유지하는 기본적인 토대는 다른 사람 일할 때 일하고 놀면서 쉴 때 같이 쉬는 것이다.

결국 인간이 추구하는 것은 성공과 행복일 것이다. 그러나 본인의 건강이 허락하지 않으면 이처럼 성공과 행복도 모래성에 불과하게 된다. 건강이 좋아야 성공도 할 수가 있으며 이것을 누릴 수도 있고 행복한 삶을 영위할 수도 있다.

특히 건강에는 신체적 건강, 정신적 건강, 사회적인 건강의 세 가지 건강이 있는데 이러한 신체의 자율적인 요소가 조화를 이루며 사회와 화합하여 건강을 유지할 때 그 사람은 성공과 행복으로 가는 가장 첩경에 있게 되는 것이다.

그리고 살다보면 누구나 한번쯤은 건강을 잃게 된다. 건강하지 못한 것은 누구의 탓도 아니며 누구의 잘못으로 인해서 겪게 되는 것도 아니다. 살다보면 당연히 평소에 하지 못했던 무리를 하게 되고 과로하게 되며 병을 얻게 된다.

그러면 그때서야 건강의 소중함을 알게 되는 것이다. 또한 건강을 잃는 것도 안타깝지만 건강을 잃게 되어 치유를 위한 노력도 그 과정도 안타깝다. 또한 건강을 잃고 치유하며 회복하는 과정도 중요하다.

그것은 인간이 실패를 하게 되고 그 실패를 만회하려는 과정과 비슷하다. 인간은 누구나가 어느 부분에선가 실패하기 마련이다. 그러면 그 실패를 회복하는 그 과정 또한 중요하다.

건강을 잃게 되면 회복하는 과정 또한 중요한 것이며 그 회복을 통해서 인간은 성숙하게 되며 완전해지는 것이다. 인간의 실패를 만회하고 원래의 상태로 되돌려 놓으려는 회복의 과정은 사람에 따라 평생이 될 수도 있고 어떤 사람에게는 짧은 기간일 수가 있다.

건강을 잃든지 실패를 하게 되면 자신의 신체를 원래의 몸으로 회복시키든지 아니면 실패한 자신을 다시 투혼의 장으로 보내든지 회복하는 시간이 필요하며 노력하는 것이 중요한 것이다.

건강을 잃은 것에 대해서 부끄러워할 필요도 없다. 왜냐하면 누구나가 살다보면 건강을 크든 작든 잃게 되는 것은 만고의 진리이기 때문이다. 그러나 도덕적으로 아니면 자신의 잘못으로 건강을 잃게 되면 이것은 씻지 못할 오명으로 남기도 한다.

결국 건강을 회복하여야 하고 원래의 제 기능을 하는 몸 상태로 돌려놓기 위한 노력이 필요하게 되는 것이다.

건강은 아는 만큼 얻을 수 있다. 백문이 불여일견(百聞이 不如一見)이라 한다. 웰빙시대를 반영이라도 하듯 각종 의학정보가 쏟아져 나오고 있고 안타깝게도 지금까지 의학정보와 한방의 약초 역시 새로운 약초들이 돌고 돌면서 유행어처럼 나오기도 하고 사라지기도 한다.

상업주의에 깔려 오염되가고 왜곡되는 것을 보면서 우리 신체적 건강과 우리 몸에 맞는 것이 의도(醫道)의 길에 퇴색된 것 같다.

자연은 우리에게 무한 에너지 생명체를 주나 자연을 이용하여 우리들은 보다 건강한 삶을 연구 발전해야 하고 우리 몸에 무병장수를 신체적 건강을 유지해야 한다.

신체적 건강은 행복을 가져다준다. 또 이로 인해 타인에게 피해를 주지 않는다. 즉 신체적 건강이야말로 행복의 근원인 것이다. 게다가 신체적 건강으로 인해 국력이 신장된다. 신체적 건강이 있어야 건강사회가 되며 일을 할 수 있고 그것은 국력이 된다. 또한 신체적 건강은 금전의 유익함을 제공한다. 건강하므로 재산의 지출을 막게 되는 것이다. 한 사람이나 가정이 아프면 그로 인한 경제적 손실이 큰 것이다. 가정으로 사회로 보면 한 사람이나 여러 사람이 아프면 그만큼 경제적인 타격이 크다. 건강을 유지하는 것이 개인적으로나 가정적으로 금전을 버는 것이다.

정신적 건강

신체도 건강해야 하지만 정신적인 건강도 중요하다. 최근에 교수인 사람이 부모를 살해했다는 언론보도를 접한 일이 있다. 이 사람은 사회에 부적응하고 정신적 건강이 문제가 있는 사람이다.

한방업으로 성공한 내가 아는 한 분은 큰아들은 한의대를 보내고 작은아들은 미국 유학을 보내어 모든 것이 풍요롭고 잘 사는 가정을 꾸리고 있었다.

그런데 유학을 보낸 작은아들이 부모님을 살해하는 큰 사건이 벌어졌다.

이 같은 모든 일은 그의 가정에 정신적인 건강이 문제가 있기 때문에 발생한 일이다.

그러나 이에 비해 한센환자로서 000 전 국회의원님이 있다. 팔다리가 없는 분이 농구나 축구를 하기도 한다는 것을 접한 일이 있다.

이들은 신체적으로는 건강하지 못하나 정신적으로 건강한 삶을 영위하고 있는 것이다.

나의 친구 동생인 송중택 맹인이 있는데 그는 바둑을 3단 이상 두며 명지대 바둑 강사로 출강하기도 하는데 나와 같이 내기 바둑을 두기도 한다. 맹인이라서 바둑을 잘 못 둘 것 같지만 내가 한 번도 이기지 못하고 식사대접을 하는 경우가 많았다. 이를 통해 나는 많은 것을 느끼게 되었다.

맹인이지만 이 동생은 나보다 마음적으로 더 잘살고 경제적으로 성공했다. 너무나 순박하고 진실한 맹인의 모습에서 나는 그의 정신적인 건강을 도저히 따라갈 수가 없다.

이처럼 육체적 건강 못지않게 정신적 건강도 중요한 것이다. 또한 정신적 건강이 좋다는 말은 자신이 처한 재물이나 사회적 지위와 관계없이 자신이 성실하고 깨끗하게 지니는 것이다.

정신적인 건강이 좋은 철학자를 예로 들자면 디오게네스이다. 젊은 나이에 유럽을 정복한 알렉산더가 이번에는 인도를 정벌하러 나섰으며 가는 길에 디오게네스를 만났다. 승리와 영광에 도취한 알렉산더는 디오게네스에게 자신감과 우월감에 가득 차서 무엇을 해주면 좋겠느냐고 디오게네스에게 물었다.

그런데 디오게네스는 부귀나 권력을 달라고 한 것이 아니었다. 단지 알렉산더가 햇빛을 가리니 조금 비켜서 달라고 한 것뿐이다. 이처럼 디오게네스는 거지 철학자였지만 마음만은 누구에 비해도 가난하지 않았다.

세상 권력을 걸머쥔 알렉산더 대왕 앞에서 비굴하지도 않고 자신의 처지를 뒤바꿀 명예나 지위를 요구하지 않았다. 현재 자신의 모습에 만족한 것이다. 비록 부귀나 권력은 없었지만 그의 마음만은 누구보다도 풍요로웠고 아름다웠던 것이다.

이처럼 거지 철학자 디오게네스는 정신적 건강이 훌륭한 사람이다. 또한 정신적인 건강을 좋게 가지려면 그에 걸맞은 자기 수양과 성숙이 필요하며 깨달음이 있어야 한다.

인생에서 가장 중요한 것이 무엇인가를 잘 알아야 한다. 명예나 부귀가 정신적 건강을 가져다주는데 필요하지만 절대적인 것은 아니라는 이야기이다. 명예나 부귀 나아가 현실이 불만족스럽더라도 자신을 잘 성찰하고 마음의 평안과 희락을 누리는 것이 정신적 건강이 좋은 사람이다.

사회적 건강

육체적 건강과 정신적인 건강도 좋아야겠지만 사회적으로도 건강해야 한다. 사회적 건강이 좋지 못하다는 이야기는 사회적 지위가 아무리 높다해도 다른 사람과 잘 어울리지 못하고 편협한 것을 일컬어 말한다.

또한 윗사람만 쳐다보고 윗사람에게는 잘 하나 아랫사람을 보지 못하고 아랫사람에게 잘 하지 못하는 경우도 이 사람의 사회적 건강은 건전하지 못하다고 할 수가 있다.

사회적으로 건강하지 못하면 부실사회가 된다. 그리고 사회문화가 존경이나 배려하지 못하고 사기나 남을 속이는 일이 비일비재하여 신문지상에 보도된다.

사회적 건강이란 자신의 가족과 형제, 이웃과 모든 사람들과 잘 어울리고 합리적으로 동행하는 것으로 볼 수가 있다. 사회적 건강에 문제가 있는 사람들은 이기적, 배타적이고 자기 이득을 위해 음해하거나 모해하고 또는 자기 의무에 대해서는 없고 권한만 찾는 사람들이다.

이러한 사회적 건강에 문제가 있는 사람들은 다른 사람들과 함께 잘 어울리지 못하고 동참할 수 없는 것이다.

한번은 아침 6시 출근하기 위해 지하철을 탔다. 피곤하여 졸고 있는데 영등포에서 넥타이를 맨 노인 한 분이 탔다. 마침 노인 석에는 여학생 두 명이 자리가 없어 앉아 자고 있었다. 그런데 그 노인이 "야 너는 한글도 모르니, 학교 선생이 무얼 가르치며 부모가 뭘 가르치냐?"고 고함을 지르는 것이었다.

그 칸에 앉은 사람들은 모두 그 쪽으로 얼굴을 돌리며 무슨 일인지 시선이 집중되었다. 만약에 학생이 자신의 손녀나 막내딸이었으면 그렇게 하지 않았을 것이다. 그 학생들은 1시에 귀가하고 5시에 기상하여 학업에 매진하다 지쳐서 노인석이지만 빈자리에 앉았을 것이다.

이처럼 70세의 노인이지만 사회적 건강이 10세도 되지 않는 것이다. 입장을 바꾸어 생각해서 "너희들 공부하느라 수고한다. 내가 좀 있다 내리니 앉아 있어라" 라고 이야기 했으면 얼마나 좋았을 것인가 생각이 들었다.

사회적으로 건강한 사람은 다른 사람들과 잘 어울리고 이러한 사람은 결국 남을 위해 희생이나 봉사할 줄 알며 양보와 배려하는 사람인 것이다. 육체적 건강이나 정신적 건강이 좋다하더라도 이처럼 사회적 건강이 올바르지 못하면 그 사람은 결국 사회적으로 건강하지 못한 사악한 사회가 될 것이다.

평생의 자산, 윗사람 모시기

군대에서 만기가 되어 제대하고 이래저래 일을 하다 우연한 기회를 통해 송경섭 전 국회의원님을 만나게 되었다. 그는 미혼인 나에게 혼자 있으니 한방을 배워 한약업사로 나가라고 하셨다. 당시 70년대 초에는 한약에 대한 붐이 일어날 때였다.

어렸을 적의 꿈이 공무원이나 정치가가 되는 것이었는데 현실은 그리 되지 않고 아무것도 모르는 한약을 취급하게 된 것이다. 결과적으로 나는 다른 인생의 길을 걷게 되었고 현실은 다른 생활을 하게 된 것이다.

그리고 사람들의 건강에 관해 관심이 없던 나였지만 이러한 제의를 받고 한약의 감초도 모르고 의학도 모르나 부모님의 말씀에 순종하는 길이었기에 감히 거역하지 못하고 울며 겨자 먹기로 이를 따라 망설임 없이 이 길을 걷게 된 것이다. 그래서 오늘날까지 생업으로 삼고 있다.

부산시 경찰공무원이 되어 공직으로 가려던 꿈이 산산이 조각나고 아직은 걸어가야 할 길이 많이 남은 젊은 나이에 이러한 현실은 나에게 불만스러웠다.

그리고 권위적이며 유교적인 전 국회의원님을 모시며 한약업을 배우는 것은 생각보다 쉬운 일이 아니었다. 심지어는 매일 입는 옷, 신발, 식사조차도 내 뜻대로 하지 못하고 어르신이 뜻에 따라 수동적으로 움직여야 했으며 특히 전 의원님의 심기를 불편하지 않도록 조심하고 주의를 해야 했다.

조석으로 안부 문안인사를 해야 했다. 내 생각으로도 어르신한테 하는 정성을 부모님께 백분의 일만 해도 효자라는 소리를 들었을 것이다라고 생각이 들기까지 했다.

전 의원님이 식사 때는 수저를 들어야 들고 수저를 놓으면 같이 나도 놓아야 했다. 어르신이라 식사를 느리게 드시므로 나도 이에 맞추어야만 했다. 하얀 신발을 신으시면 나도 하얀 신발을 신어야 했던 것이다. 그리고 깨달은 것은 대그룹 고위직 상사를 모시거나 정치적 고위층을 모시면 자기 관리를 잘해야 한다는 것을 느낄 수가 있었다.

심지어 잠자는 것, 식사하는 것까지 어르신 뜻에 맞추어 당신의 주관대로 결정하였고 어르신을 모시니 대단하다고 주위에서는 평판이 자자했다.

그 분 밑에서 한방의 길로 들어서게 되었다. 그 분은 건강을 지켜주는 약사, 의사로 대접받기 전에 정치인으로 알려져 있었다.

이러한 전 의원님을 모시면서 다양한 체험을 하게 되었고 이러한 체험은 나에게 귀중한 자산이 되었다.

어떤 사람은 윗사람으로부터 사랑과 돌봄을 받기는 하는데 아랫사람에게는 그러한 사랑을 실천하지 못하는 사람이 많다. 사랑을 받기만 하되 아랫사람에게 그렇게 하지 못하는 사람으로 많은 경우가 이와 같다. 혈연, 지연, 학연으로 선배를 잘 만나 대우를 받는데 아랫사람에게 이처럼 잘 챙겨주는 일에는 익숙하지 못한 것이다. 성공하기 위해서는 윗사람에게 인정받는 것도 중요하지만 아랫사람들로부터 존경과 칭찬을 받는 것 역시 중요한 요소이다.

나이가 들수록 아랫사람에게 관심을 보이고 사랑하며 챙겨주는 역할이 중요하게 된다. 항상 윗사람에게 챙김을 받다가 아랫사람을 챙겨주는 위치에 처하게 되면 나 몰라라 하면서 넘어가는 사람들이 많은 것이 현실이다.

지도자가 되기 위해서는 윗사람들에게 관심과 사랑을 받는 것도 중요하지만 아랫사람들을 챙겨주고 이끌어 주는 역할 또한 절실히 필요하다. 아랫사람이 자신의 행로에 결정적인 방향타를 제공할 수도 있기 때문이다. 그래서 선배나 연장자와 잘 지내는 것도 중요하지만 아랫사람을 관리하고 이끌어 주는 요인도 자신에게 유익한 일 중의 하나이다.

한방과 양방

한방에서는 가장 중요한 요소로 심(心), 기(氣), 혈(血), 정(精), 신(神)이라고 일컬어진다. 기라는 것은 한마디로 천기(天氣), 수기(水氣), 곡기, 온기, 전기, 광기, 향기, 음기, 살기(殺氣) 등 여러 가지가 있다.

이처럼 사람의 본질은 혈과 기로 이루어져 그 두 가지 요소가 상호작용하면서 건강을 유지하고 활동하는 에너지를 만드는 것이다. 그런데 이러한 두 가지 요소가 균형을 이루지 못하고 항상성을 깨뜨리면 몸에는 정상적인 기능을 발휘하지 못하는 것이다.

그래서 사람은 이 두 가지 요소가 균형과 조화를 이루며 활발하게 작용할 수 있도록 건강을 유지해야 한다.

질병이 없다면 환자와 의사가 만날 수는 없다. 질병이 들게 되면 그 치료책을 찾기 위해 병원을 다니고 그래서 의사는 그에 합당한 치료책을 찾아낸다.

건강이란 원래 몸이 균형을 유지하고 자연에 적응하는 것을 말한다. 또한 정신적으로 건강한 것도 중요하고 나아가 다른 사람들과 소통하고 잘 어울리는 사회적 건강 역시 중요한 요소이다.

한방은 양방과 다르게 절대적으로 기의 학문인 셈이다. 또한 과학의학이 아니라 경험의학이기 때문에 과학적으로 분석을 하지 못한다. 과학적이지 못하다고 해서 그것이 절대적인 병 치유를 하지 못한다는 것은 결코 아니다. 그 대신 수세기에 걸쳐 그 치료를 입증한 경험이 있기 때문에 그 경험을 토대로 하여 효과적으로 치유하는 것이다.

이에 비해 양방은 과학의학이다. 사람의 몸과 과학에 대한 철저한 연구로 그 연구를 토대로 하여 과학적으로 분석하여 건강을 보존하기 위한 치료책을 연구한다.

그러나 한방은 우리 민족 5천년 내려온 의학으로 아무리 지금의 과학 시대라고 할지라도 그 경험의학으로서의 위치는 중차대하다고 볼 수 있다.

양방은 과학, 혈, 화학, 부분의학, 형이하학, 증상 치료학이나 이에 비해 한방은 경험의학, 기, 자연, 전체, 형이상학, 원인 치료학이다. 한방과 양방은 근본적으로 다르다. 근래에 과학시대라고 한방을 부정적으로 인식하는 것은 옳지 못하다고 본다. 그리고 한방도 현실의 변화에 적응해 나가야 한다.

건강을 살리는 숲, 건강 서적을 펴내다

자연의 힘이 얼마나 큰지 우리들은 알 수가 없다. 그래서 자연은 위대하다 고 하는 지도 모른다. 식물이나 동물 등 자연 속에서 원료를 모아 질병을 치료하는 민방약을 계승하는 일을 40여 년 해보니 더욱 그런 생각이 든다. 자연 속에는 우리 인간들을 치료 하는 것들이 참으로 많다는 것을 자연스럽게 느끼게 된 것이다.

그런데 한방에 오래 종사하다 보니 갖가지 민간요법에 대해서도 관심을 갖게 되었고 예로부터 우리 선조들이 애용하여 온 그 민간처방들이 다 나름대로의 이유가 있다는 것을 깨닫게 되었다.

옛말에 어른들 말씀이 하나도 틀리지 않는다는 것이 있는데 선조들이 행했던 민간요법 역시 대부분 상당한 효능이 있었던 것이다. 그렇기에 그 민간요법들이 수천 년 동안 끊이지 않고 이어져 내려온 것일 것이다.

나는 여러 민간요법 중에 특히 숯에 관심이 많았다. 어린 시절 장작불을 때던 산골에서 자랐으며 금줄이나 장독대, 화로 등에서 거의 매일 숯을 보아온 까닭에 나에게 숯은 아주 흔한 물건이었다. 그러나 막상 한방일을 업으로 삼고 보니 그저 숯이 불을 피우는 데만 사용하는 것이 아니라 민간요법 재료로도 상당히 많이 이용되는 것을 주위에서 흔하게 볼 수가 있었다.

배가 아프거나 설사가 날 때 숯을 곱게 빻아 가루로 만들어 물에 타 마셨고 동의보감에도 백초상이나 송인묵을 비롯해서 각종 숯을 약으로 사용해 왔다고 기록되어 있다. 또한 집을 지을 때, 우물을 팔 때, 농작물을 재배할 때에도 숯은 요긴하게 쓰이고 있었던 것이다.

그리고 현실을 돌아보니 숯은 놀라우리만치 많은 곳에서 사용되고 있었다. 숯매트나 숯베개, 숯비누, 숯 장신구에 이르기까지 숯이 들어간 다양한 제품이 우후죽순처럼 개발되었고, 숯가마가 사우나와 찜질방 못지않게 인기를 끌고 있는 것이다. 또한 공업 도시인 울산광역시에서는 태화강이 오염되자 숯으로 정화해서 해마다 수영대회를 열고 있다.

그래서 내가 생약학과에서 논문집에서 발표한 것과 하나하나 모아온 자료, 여러 사람들로부터 수집한 자료들, 그리고 현재 활성화되어 있는 숯제품이나 숯 이용 사례 등을 수집하여 책을 펴내게 되었다.

2007년 11월 15일 그동안 숯에 관한 자료를 되도록 많은 분들에게 소개하여 주위 분들이 건강한 생활을 영위할 수 있도록 하는 신념으로 책을 엮었다.

제목은 "건강을 살리는 숯"이라는 책으로 제1장에서는 흥미로운 숯 이야기, 2장에서는 숯의 종류와 성분, 제3장에서는 숯의 놀라운 효능, 4장에서는 숯을 어떻게 활용할까?, 5장은 숯가루, 6장은 목초액, 제7장은 솔잎이라는 구성되어 있다.

오늘날 숯은 알게 모르게 우리 생활 속에 깊이 자리 잡고 있다. 가정에서 적당한 곳에 숯을 놓아두면 공기를 정화해 주기도 하고 온갖 잡냄새를 없애기도 하며, 전자 제품 위에 올려놓으면 전자파를 감소시켜 주기도 한다.

신발장이나 싱크대, 쓰레기통, 화장실 등 여기저기에 숯을 놓아둔 가정이 많다. 그러면 공기 중의 양이온을 숯에서 나오는 음이온이 중화하는 효과가 있다.

아울러 숯의 수많은 구멍이 온갖 냄새와 세균을 다 빨아들이기 때문에 실내를 상쾌하게 유지할 수 있게 해준다. 그래서 애완동물을 기르는 집에서는 개나 고양이의 특유한 냄새를 없애기 위해서 숯을 이용하며 베란다 화분 곁에 두어서 식물이 잘 자라게 하기도 한다.

질병을 개선하기 위해 숯을 이용한 것은 아주 오랜 옛날부터이다. 숯을 가루 내어 설사를 멈추거나 장의 기능을 좋게 하는 데 사용하였으며 우리나라에서는 아직 의약품으로 인정된 것은 아니지만 일본이나 미국에서는 활성탄을 의약품으로 판매하고 있다. 최근 우리나라에서도 숯이 활성탄으로 허가 받고 약국에서만 판매할 수 있게 된다.

숯은 여러 질병에 효과적인 치료제이다. 우선 위장에 효능을 나타내는 것으로 알려져 있다. 숯을 이용하면 위장에 세균성이 생겼을 때도 좋다고 하며 간 기능을 해독하는 역할을 하고 약물 중독의 해독이나 변비 개선, 숙변 제거 등에도 효과가 있는 것으로 알려져 있다.

이것뿐만 아니라 뱀이나 벌레, 모기, 개 등에 물렸을 때, 불이나 뜨거운 물에 데었을 때, 중이염, 설사, 소화불량, 복통, 눈의 염증, 심한 축농증, 기관지염, 폐렴, 신장염 등에 숯가루 찜질 습포나 숯가루 드레싱을 붙여 치료하면 효과가 크다는 것이 전해지는 숯 요법의 내역이다.

사람들이 잠자는 쉼터만큼은 편안하고 안락하고 행복해야 숙면을 취할 수가 있다. 또한 잠이 보약이라는 말이 있다. 활동을 하다보면 식사는 야외나 식당 등 일정하지 않은 곳에서 할 수 있지만은 잠은 꼭 집에서 자라는 속언도 있다.

활기 있는 생활을 하려면 건강을 위해 중요한 잠자리, 그 중에서도 안락하고 편안한 침실분위기를 가꾸고 사람 몸에 맞는 효능이 좋은 침대와 이부자리를 구비하는 것이 첫 번째 조건이다. 이와 같은 여건을 갖춘 침실에서 잠을 잔다면 충분한 휴식과 숙면을 취할 수 있을 것이다.

나는 이러한 잠자리와 숯의 관계에 대해서 오랫동안 연구해 왔다. 그래서 정성을 들여 만든 것이 숯침대이다. 침실의 기능과 분위기를 아늑하고 편안하게 제공하고 숯을 통해 실내 환경을 정화하며 유해물질을 제거해 온 가족들이 안락한 삶을 영위할 수 있도록 쾌적한 공간을 만들고 더 나아가 쾌청한 자연의 공기를 숨 쉴 수 있게 해주는 것이다.

오랫동안 한방 일을 해오면서 항균과 해독 효과가 크고 음이온과 원적외선을 방사하여 생체 에너지를 활성화시키며 머리를 맑게 해주는 숯의 다양한 효능에 관심을 갖고 그 결과 숯을 이용한 다양한 침구류를 취급하게 된 것이다.

내가 취급한 숯침대의 경우는 가장 널리 알려진 효능이 공기정화, 항균과 해독작용, 음이온과 원적외선 방사, 새집증후군 예방이다. 나아가 아토피성 피부염과 노인성 건조 피부염, 만성 습진 등 각종 피부염을 개선하는 데에도 탁월한 효능이 있는 것이다.

그리고 숯침대를 사용하면서 좋은 경험과 효과를 얻은 이제는 많은 사람과 공유하는 바람이다.

솔잎과 소나무

나에게 특별히 글을 잘 쓰는 재능이 있는 것도 아닌데 2009년 7월 국제문예에 수필부문 신인상에 수상하게 되었다. 솔잎과 소나무라는 제목으로 글이 당선된 것이다. 이 수상작을 인용하고자 한다.

솔잎하면 가장 먼저 생각나는 것이 추석 때 먹는 송편이다. 요즘에는 대부분 떡집에서 송편을 사다가 상차림을 하지만 옛날에는 일일이 산에서 솔잎을 따와 잘 씻어서 송편을 찔 때 사용하였다.
그런데 송편에는 왜 솔잎을 사용하는 것일까?

우선 가장 먼저 떠올릴 수 있는 것이 솔 향이다. 은은한 솔 향이 떡맛을 훨씬 감칠맛 나게 만든다. 그러나 그보다 더 중요한 것은 솔잎이 떡을 상하지 않게 해준다는 것이다.

즉 그냥 쪄낸 떡보다 솔잎을 이용하여 쪄낸 것이 훨씬 더 오래 신선도를 유지한다는 것이다. 솔잎에는 곧 세균 번식도 억제하고 부패도 방지하는 성분이 있음을 생각할 수가 있다. 솔잎을 좀 더 알게 되자 우리 민족의 송편 풍속이 얼마나 대단한 것인가를 깨닫게 되었다.

솔잎 식용의 역사

우선 옛 기록을 보니 솔잎을 복용한 역사가 대단하다. 염제 신농씨가 지은 신농본초경에는 365가지의 약이 소개 되어 있는데 그 효능에 따라 상중하 세 등분으로 나누었다.

하약은 125종류로 분류하되 오직 병을 고치기 위해서만 써야 하는 약을 말하고 중약은 120종류로 부작용이 없는 것과 독성이 있는 것이 있으니 주의해서 사용해야 하며 상약은 120종류로 다량 복용하거나 장기적으로 복용하여도 사람에게 해를 주지 않고 부작용도 없는 약이라고 하였다. 이 셋중 상약이 가장 중요한 약인데 상약의 재료 중에서 첫 번째가 소나무라 하였다.

이후 각종 의학서적에서 소나무를 중요 약재로 다루어 왔으니 송나라 때의 한 의학서적에는 소나무는 모발이 나게 하고 내장을 편하게 해주는 장수케하는 나무라고 하였고, 명나라의 본초강목에는 솔잎은 송모라고 불리며 독이 없고 모발이 나게 한다. 오장을 편안케 하며 배고프지 않게 하고 천 년을 살 수 있게 한다고 하였다.

또한 동의보감에는 솔잎이 성인병 예방과 위장병, 고혈압, 신경통, 천식에 좋고 머리털이 나게 한다고 하였고 피를 맑게 해 노화방지 효과가 탁월하며 혈액순환을 도와 혈중 콜레스테롤을 녹여 노폐물을 제거한다고 하였다. 향약집성방에도 솔잎을 오랫동안 생식하면 늙지 않고 원기가 솟는다고 하였다.

이렇게 볼 때 웬만한 옛 의학서적에는 솔잎 복용이 다 나온다고 봐도 틀리지 않는다. 그리고 전해지는 이야기도 많은데 특히 솔잎이 신선들의 식사였다는 대목은 흥미롭다.

옛날에는 신선이나 도인들이 깊은 산 속에 살며 밥 대신 솔잎을 먹고 살았다는데 그것은 영과 육을 구분하기 위해서라고 한다. 또한 정과 신을 단련하기 위하여 송진을 먹었다고 하며 천과 지의 이치를 깨우치기 위하여 백복령을 캐먹었다고 한다.

이렇게 거창한 이야기 말고도 소나무는 우리 민족이 가장 애용한 나무라는 것은 누구나 다 아는 사실이다. 목재로 이용하여 집을 짓는 데에도 사용하였고 땔감으로도 많이 쓰였으며 한약재나 음식 재료로도 사용하였던 것이다.

그래서 어떤 조사에 따르면 우리 국민들이 가장 좋아하는 나무가 소나무라고 한다.

무궁화가 국화이고 개나리나 진달래처럼 순박한 꽃을 피우는 친근한 꽃도 많으며, 밤나무나 잣나무, 감나무, 사과나무처럼, 우리가 직접 먹을 수 있는 과일을 주는 나무도 많지만 우리의 마음 속에는 그래도 소나무가 가장 좋은 나무, 가장 친숙한 나무로 자리잡고 있는 것이다.

그래서 솔잎을 본격적으로 알기 전에 간단히 소나무에 대해서 알아보고자 한다. 우선 소나무에서 이용할 수 있는 것을 손꼽아 보자면 솔잎, 송순, 송절, 솔씨, 송홧가루, 송 목피, 송근 백피, 송진, 송이, 복령 등을 들 수가 있다.

이 밖에도 소나무 가지에 기생하는 송라는 약재로 쓸 수 있고 송홧가루가 땅에 떨어지면서 생기는 타원형 버섯인 송예도 들 수가 있다. 늙은 소나무가 쓰러져 썩으면 돌처럼 된 것은 송화석이라고 하여 장식용으로 그만이며 소나무에서 뽑아낸 기름인 송절유라는 것도 있다. 뿌리에서 잎까지 버릴 것이 하나도 없는 것이 바로 소나무인 것이다.

그런데 여기에서 한 가지 더 강조하고자 하는 것은 소나무의 강인한 생명력이다. 나무라는 것이 본래 인간보다 훨씬 더 오래 살긴 하지만 소나무야말로 천 년 이상을 사는 생명체이다.

현재 지구상에서 가장 나이 많은 것이 바로 소나무로, 캘리포니아 주 화이트 산의 해발 3000m 지점에 있는 소나무는 무려 4700살이 넘는다고 한다. 이 소나무 이름이 재미있는데 성서에서 가장 오래 산 사람인 므드셀라라는 이름이 붙여졌다고 한다.

소나무가 지구상 그 어떤 생명체보다 오래 산다는 것은 무슨 의미일까? 스스로 움직일 수도 없는데 수천 년을 살 수 있다는 것은 그 자체에 막강한 방어력이 있는 것이 아니겠는가?

그 방어력을 우리가 이용할 수 있다면 인간의 수명도 지금보다 훨씬 늘어날 수 있지 않을까 하는 생각을 해본다.

곧 지구상에 불로초가 있다면 그것은 바로 우리 주변에 가까이 있는 소나무가 아닌가 싶다.

놀라운 숯의 효능 이야기

2010년 국제문예 1월호에 또 나의 수필이 실렸다. 제목은 놀라운 숯의 효능 이야기이며 이 수필을 독자에게 소개하고자 한다.

2000여 년이 지나도 전혀 썩지 않은 시신이 있다면 믿을 수 있을까? 그런데 그런 일이 일어났으니 1972년 중국 후난성 창사시 교외의 한 구릉지에서 발굴된 한 여인의 시신이 그것이다. 처음 이 시신을 발굴하였을 때 얼굴은 살아 있는 사람처럼 윤기가 있고 엷은 황색을 띠고 있었다.

피부도 탄력이 그대로 남아 있어 손가락으로 누르면 원래대로 돌아왔으며 동맥에 방부제를 주입하자 살아 있는 사람의 몸과 같이 서서히 퍼져나가는 것이었다.

또한 발가락의 지문과 피부의 모공도 눈에 보일 정도로 분명했으며 내장 역시 방금 죽은 사람의 시신과 같이 그대로 보존되어 있었다.

◆ 환생한 2100년 전의 마왕퇴 귀부인

시신의 주인공은 2100년 전 서한 시대의 대후인 이창의 부인으로, 이름은 신추이며 나이는 50세 가량이다. 지체가 높은 이의 무덤이었으므로 부장품도 1,000여 점이나 발굴되었는데 이 때 발굴된 각종 칠기류, 의상, 동인과 옥인 등의 인장 등 생활용품은 2002년과 2007년에 각각 우리나라에서도 전시회를 연 바 있다.

무덤의 이름 마왕퇴를 붙여서 중국 마왕퇴 유물전, 부제로는 환생한 2100년 전의 귀부인 – 기적의 시신 이라는 명칭으로 열렸다.

시신이 얼마나 완벽하게 보관되어 있었던지 사인을 알아내기 위하여 해부를 했더니 위에서 참외 씨 170여 개가 나왔고 몇 개를 심었더니 자라났다고 한다.

해부를 통하여 이 여인은 협심증에 걸려 죽은 것으로 추정되었고 본래부터 담결석과 심장병, 폐병을 앓았다는 것이 확인되었다.

그런데 왜 이 시신은 2100년간이나 썩지 않고 고스란히 남아 있던 걸까? 바로 숯이 그 비밀이다. 시신이 안치된 무덤은 높이 8m, 너비 20m나 되는 봉분이었는데, 우선 관 주변에 장식품을 넣은 뒤 약 5톤에 이르는 숯을 빼곡하게 채워 넣었다. 그리고 그 위에 흙을 덮고 봉분을 쌓은 것이다. 숯이 습기를 흡수하고 음이온을 발산하여 방부 역할을 하였으므로 이러한 놀라운 일을 우리 앞에 보여준 것이다.

현재 현장에서는 무덤에서 발굴된 각종 유물들을 모아놓고 마왕퇴박물관이 세워져 있는데 물론 시신은 고스란히 복원되어 2100년 전의 생생한 모습을 보여주고 있다.

◆ 피라미드 미라보다 더 완벽한 조선의 미라

이러한 예는 이집트 피라미드에서도 종종 발견되며 놀랍게도 우리나라에서도 발굴된 바 있다. 1998년에 영주-안동 간 국도를 확장할 때 확인된 영주시 이산면 운문리의 야산에 있던 김흠조 선생 부부의 묘소가 그것이다.

도로공사로 인하여 이장을 하기 위해 묘를 파 보니 묘각이 숯에 쌓여 있었고 각종 부장품이 470여 년이 지났음에도 고스란히 보존된 채 발굴된 것이다.

특히 우리 나라에서 가장 오래된 그러면서도 잘 지어진 복식이 깨끗한 상태로 출토되어 학계의 비상한 관심을 끌었다. 그런데 이보다 더욱 놀라운 일은 안동대학교 부근 공사장에서 고성 이씨의 무덤을 이장하던 중 완벽하게 보존된 시신이 나온 일이다. 이는 텔레비전으로까지 소개되기도 하였다. 이 역시 숯을 석실 위에 잔뜩 쌓아 시신이 보존된 것이다.

이 무덤에서는 흥미로운 편지가 발굴되었다. "당신은 언제나 나에게 둘이 머리 희어지도록 살다가 함께 죽자고 하였습니다. 그런데 어찌 나를 두고 당신 먼저 가십니까?" 라고 쓴 '원이 아버지에게' 라는 편지가 그것이다.

여기에서 무덤의 주인공 원이 아버지는 이응태(1556~1586)이며 편지를 쓴 이는 그의 아내이다. 죽은 남편을 그리워하는 아내의 심정이 잘 표현되어 있는 편지로 이 내용은 국악가요로 작사, 작곡되어 불리기까지 하였다. 한글로 씌어 있어 국어 연구에서도 상당히 귀중한 자료라고 한다.

◆ 파평 윤씨 모자(母子) 미라

2002년 9월 경기도 파주시 교하에서 발견된 '파평 윤씨 모자 미라' 도 상당한 충격을 준 시신이다. 미라와 함께 수의 홑바지 허리끈에 '병인윤시월' 이라는 한글 묵서가 적혀 있어 1566년 매장된 것임을 알 수 있고 화려한 색상의 복식이 쏟아져 나와 언론과 학계의 관심을 끌었다.

이 미라는 고려대학교에서 조사를 하였는데 조사 결과 미라의 사망 원인이 출산 중 자궁 파열로 인한 과다출혈로 밝혀졌다. 남아로 밝혀진 태아도 자궁에서 미라 상태로 남아 있었기에 '파평 윤씨 모자 미라' 로 명명한 것이다.

더욱 놀라운 것은 시신의 상태이다. 키는 153.3cm이고 비교적 영양상태가 좋았던 여인으로 사지를 벌리면 벌어질 정도로 탄력이 있었고 살아 있는 피부 같은 부드러운 촉감을 유지하고 있었던 것이다.

이것은 이집트의 미라와는 비교도 할 수 없는 상태이다. 이집트 미라는 만지면 부서지는 딱딱한 형태인 것이다. 목관을 에워싸고 있던 회곽이 공기의 유입을 완전히 차단하여 미라를 만든 것으로 보이는데 시신 위로는 천연 방부제인 숯이 대량으로 쌓여 있었다.

◆ 국조오례의에 적힌 장례용 숯

이와 같은 사실들을 볼 때 우리 나라에서도 묘를 만들 때 숯을 넣었음을 잘 알 수가 있다. 옛날 장례법을 알 수 있는 국조오례의를 보면 장례에 숯을 이용하는 방법이 나와 있다.

먼저 광, 즉 시신을 묻을 구덩이를 파고 그 아래에 숯가루를 쌓아 채우는데 대략 그 높이는 2~3촌으로 한다고 씌어 있다. 삼물, 곧 석회와 고운 모래, 황토를 버무린 것을 깐 뒤 석실을 놓으며 다시 삼물로 석실 외곽을 둘러싸고 그 바깥을 다시 숯가루로 싼다는 것이다.

숯은 나무뿌리를 막으며 물과 개미도 물리치는 역할을 하고 석회와 모래, 황토를 섞으면 돌처럼 단단해져 각종 해충은 물론 도굴도 막을 수 있다고 한다.

가까운 일본에서도 아오모리현 히로사키에 있는 장승사에서 140년 된 미라가 발굴되었는데 사체의 3중곽 주위가 숯과 석회로 둘러싸여 있었다고 한다.

이 시신은 지난 날 번주의 양자인 17세의 청소년이었다. 후손들은 유체가 발견된 이후 41년간 보관하다가 결국 화장하여 장사를 지냈다 한다.

신체에 좋은 한방 이야기

한방에서는 심기혈정신(心氣血精神)을 중요시 한다. 마음이 가는 곳에 기가 따르고 기가 흐르는 곳에 피가 흐르며 피가 흐르는 곳에 정이 뭉치고 정이 뭉치면 신이 흐른다.

마음이 가면 기가 가게 되어 있고 기가 흐르면 피가 흘러야 한다. 만병의 원인은 피가 흐르지 않기 때문이다. 즉 모세혈관이 멈추기 때문이다. 기가 흐르면 모세혈관이 움직여 피가 돌게 해준다. 몸에 기가 흐르면 건강은 회복된다. 회복되었다는 것은 심신이 균형과 조화를 이루었기 때문으로 자신과의 싸움에서 이기면 병은 물러나고 자신과의 싸움에서 지면 병은 낫지를 않는다.

몸의 균형이 깨지는 것은 건강이 좋지 않다는 것이고 먼저 균형이 깨지면 안색이 변하고 안색이 크게 변하면 관절이 오고 관절이 지나치면 큰 병에 원인이 된다.

그래서 절대로 무리해서는 안 되며 그때그때 스트레스도 풀어야 한다. 건강한 신체를 유지하려면 먼저 남을 미워하고 원망하며 탓하는 분심(忿心)을 버려야 한다. 또 잡념을 버려야 한다. 그 외에도 욕심을 버려야 한다. 마음을 비우고 즐겁게 살아야 건강을 유지하는 것이다.

옛말에 밥과 충분한 잠이 보약이라는 말이 있다. 그만큼 곡식에는 우리 몸에 좋은 기가 있다. 밥맛이 예전과 다르다거나 밥맛이 없을 때는 건강에 이상이 있지 않나 의심을 해보아야 한다. 물론 밥 이외에도 건강보조식품이라든가 보약을 먹는 것도 활력을 찾는데 도움이 되겠지만 한방에서 가장 크게 건강을 유지하는 좋은 방법은 밥을 규칙적으로 하루 세끼 정상적으로 굶지 않고 먹는 것이다.

한방에서는 가장 기본적으로 이처럼 식사를 제대로 하고 그에 맞는 영양분을 고루 섭취하는 것을 으뜸으로 삼는다. 그리고 이러한 건강법을 제대로 지키지 못해 균형과 리듬이 깨어지면 몸에는 무리가 오고 그것은 건강을 잃게 되는 것이며 이제는 한방의 치료가 필요한 것이다.

그리고 최근에는 정보시대인 만큼 건강에 대한 유익한 자료를 얼마든지 쉽게 구할 수가 있다. 따라서 이러한 정보의 홍수 시대에 건강에 해로운 것은 하지 않는 것이 건강을 유지하는 방법이다.

비근한 예로 몸을 무리하지 않는 것, 술이나 담배를 자제하는 것,

피로가 쌓이면 적절하게 휴식을 취하는 것 등은 기본적으로 누구나 아는 상식일 것이다.

그렇다면 신체에 좋은 한방이 무엇인가를 생각해 보아야 한다. 그것은 신토불이(身土不二)라는 말이 있다. 즉 우리 땅에서 난 농산물이나 약재가 최고라는 것이다. 어휘를 그대로 해석하자면 사람의 몸과 땅은 두 가지 별개의 요소가 아니라는 말이다.

신토불이라는 말처럼 우리 땅에서 난 약재가 최고라는 이야기이다. 왜냐하면 우리 나라 사람들은 기본적으로 우리 땅에서 난 농산물을 먹고 자라왔다. 그리고 그에 맞게 인체가 구성되어 있다. 따라서 치료를 하는 경우에도 우리 땅에서 자라고 비를 맞으며 바람을 맞은 약재가 좋다는 이야기 이다.

그러나 현재는 외국에서도 값이 저렴하게 외국의 약재가 많이 들어와있는 것이 현실이다.

한방 의약재란 우리 나라 산이나 들에서 자란 약초나 야생화 등 식물들, 또는 바다나 강에서 자란 수초도 좋다. 흔하게 우리 주위에서 예쁘게 자란 꽃잎도 한방에서는 좋은 약재가 되기도 한다.

건강을 잃게 되면 한약방을 찾게 되는데 우리 민간요법으로나 경험의학으로 전해 내려온 약재를 우리네 산이나 들에서 구해 먹는 방법도 결코 간과할 수 없는 치료방법이 되는 것이다.

한방의 미래

오래 전부터 한방은 벌써 사람들에게 민간요법으로 전해지고 있었고 지금까지 민간요법은 내려와 큰 물줄기를 이루고 있다.

그런데 작금의 현실은 너무 금전에 급급하여 인술면에서 보면 만족스럽지 못하다고 할 수가 있다. 지금 의료계는 너무 상술적이라고 하면 과언이 될까?

예를 들어 병원이나 약방이 커야지만 사람들이 믿고 찾는다. 그러나 이것은 의술이라고 할 수가 없으며 그렇다고 특별한 다른 처방이 있는 것도 아니다. 물론 큰 병원에서는 여러 가지 진료가 이루어지고 치료행위가 이루어지겠지만 병원이나 약방의 규모의 차이로 인해 많은 소규모 한약업자들이 소외되는 경향이 있는 것이다.

그렇게 되면 그에 대한 손해는 누구에게 가게 되는 것인가? 결국은 소비자들에게 피해가 가게 되는 것이다. 그래서 한방만큼은 사람들에게 고루 혜택이 가는 인술이 베풀어져야 한다.

약으로만 처방하는 것이 아니라 손과 기(氣)로 치료하기도 하는 한방은 물론 금전을 목적으로 하는 것도 간과할 수도 없지만 아프고 소외된 환자들에게도 관심을 가지고 의술과 인술이 합쳐진 포괄적인 치료행위가 이루어져야 한다.

한방과 양방은 근본적으로 뿌리가 다르나 치료는 같다. 5천 년의 역사를 가진 한방에 우리나라에 도입된 지 불과 백년이 약간 넘는 양방이 한방을 전적으로 불신한다면 이것은 잘못된 생각이다.

그리고 과거 5천 년 동안 기여한 것을 개발하고 발굴하지 않고 덮어버리려는 것은 국가나 개인적으로 큰 손실인 것이다.

또한 한방은 지속적으로 연구 개발되고 발전시켜 나가야 한다. 연구하게 되면 그 분야가 무궁무진한 것이 한방이다. 우리의 좋은 경험과 전통을 계승 발전시켜 세계로 나가야 할 것이다.

40년 동안 한약 종상

40여 년 동안 한약에 종상하면서 여러 가지 한방의 경험을 하였다. 그러면서 어려운 환자의 병이 낫는 것도 보았다. 그 사례를 몇 가지 들어본다.

먼저 자궁출혈(뻥류)이 있을 때이다. 우리 몸은 피와 수분이 70%로 되어 있다. 자궁출혈이 심하여 출혈과다가 될 경우 생명을 유지하기 어려운 위험한 상황도 있다. 현대의학은 지혈제로 치료하게 되며 뇌로 가는 혈관 위험성이 있다. 그러나 한방은 지혈제로 몇 첩을 사용한다. 본방에 있는 인삼을 몇 배로 넣고 형개초, 건강초를 더 가미해서 지유초로 혼합하여 쓴다면 급한 출혈이 멎기 낫는 것을 보았다.

30년 전 시골에서 병원에 갈 형편과 여건이 못 될 때는 그런 출혈이 심한 어머님들에 많은 효능을 보았고 한방을 찾으시는 것을 보면서 지금은 한방을 불신해 버리고 인정하지 않는 것을 볼 때 아쉬움과 경제적 손실이 크다고 생각해 본다.

우리 조상들은 5천년 한방의 역사를 계승하고 발전시켜 나가야 하는 상황에서 현실적이고 양면적인 의료계를 보면서 그 발전이 아쉽다. 좋은 점을 더욱 발전시키고 한방과 양방이 협진과 이해가 필요할 때이다.

급성맹장염(터지기 전), 만성 맹장염에도 적은 비용으로 많은 효능을 보는 것도 좋은 예이다. 반산으로 자궁출혈이 지혈되지 못했을 경우에도 한방에서는 몇 첩으로 붙어 있는 태반이 떨어지면서 출혈이 멈추는 것을 많이 보아왔다. 지금은 그런 환자들을 보기는 힘들지만 산아 제한으로 많은 반산이 있었을 때 정말 효험들을 많이 보았다.

현대의학은 혈의학에서 모든 증상과 치료를 찾고 있고 만병의 해결은 피에 있고 피 순환만 잘 되면 모든 병을 해결할 수 있다고 한다. 그러나 한방은 기의학으로 눈으로 볼 수 없고 과학의학이 아니고 경험의학이라고 본다. 기가 잘 돌면 피가 잘 돌고 병은 낫는다고 한다. 과학의학은 아니지만 오랜 전통의학으로 계승 발전이 필요한 때입니다.

4부 | 체험과 성숙

“가진 자와 못가진 자는 서로 잘 어울리지를 못한다. 가진 자는 가진 자대로 못가진 자는 못가진 자대로 서로 통하지 않는 그들만의 이유가 있다. 가졌다 못 가졌다는 것을 의식하지 않고 함께 공유하며 더불어 살 수 있는 인간시대가 미래에 온다면 좋겠다.”

학생이자 교수가 되다 117
삶에서 만난 세분의 스승과 박사의 의미 119
주역 점은 돌고 도는 세상사 121 / 삶의 보람 123
잊을 수 없는 이야기 125 / 가장 힘들었던 이야기 127
30년 억울함을 구제해 달라 131 / 봉사하고 봉사를 받다 134
지난 과거가 중요하지 않다 136
좋은 인연에는 서로의 노력이 필요하다 139

학생이자 교수가 되다

나는 고구려대학 한약자원과 겸임교수로 학생들을 가르치고 있다. 강의 내용은 노인건강 한방 복지가 테마로 하며 학생들에게 꿈과 희망을 심어주려 노력하고 있다.

그 동안 여러 대학교에서 강의를 들어왔고 최근에 서울사회복지대학원대학교에서 공부를 했기에 춥고 허기진 배를 달래며 고달프고 피로에 지친 학생들의 졸음이 오는 피교육생의 어려움을 잘 알고 있다. 그러므로 강의를 할 때는 제자들이 쉽게 받아들이고 서로 소통할 수 있는 스승이 되려고 노력한다. 그래서 이론보다 체험을 중요시하며 가르친다. 그 이유는 피교육생의 고통을 잘 알고 있기 때문이다.

자신만의 노하우나 지식을 최선을 다해 제자들에게 가르쳐주어야 하는 것이다. 진정한 교수라면 자기가 모르는 분야에 대해 모른다고 솔직하게 털어놓는 것도 교수의 바람직한 자세이며 새로운 지식이나 정보, 이론을 배우는 것에 대해 두려워하지 말아야 한다. 배움에는 나이가 없기 때문에 평생 공부인 것이다.

우리가 초, 중, 고등학교에서 기본적인 과목을 배우게 된다. 즉 사회생활을 하기 위한 기본적인 지식을 습득하는 것이다. 대학에서는 자신의 전공분야를 선택하고 구체적으로 사회에 나가 일할 수 있고 사용할 수 있는 학문을 배운다.

그러나 나는 이러한 초, 중, 고등학교나 대학교에서 배우는 것만으로 지식이 충분하다고 볼 수 없다는 생각을 가지고 있다. 학부에서 배우는 과목 이외에 사회생활에 필요한 지혜나 학문, 기술, 이론은 더욱 광범위하게 많아지게 되는데 사회생활에 필요한 과목을 자신이 스스로 정하고 배우고 익혀 나가야만 한다. 예를 들어, 대인관계론, 처세술, 종교, 봉사, 도덕성, 겸손, 존경, 건강학, 가정화목이론, 나눔의 실천 등 이것은 교실에서 배울 수 없는 사회에서 필요한 과목이다.

사회생활을 성공하기 위해서는 예로 든 것 이외에 얼마든지 적재적소에 따라 사회생활에 필요한 과목이 있을 수가 있다.

이러한 과목도 지혜롭게 잘 배우고 깨닫고 연마해야 하는 것이다.

여러분 각자가 사회생활을 잘하기 위해 교실에서 배우지 않는 과목을 정하고 그것에도 A학점을 맞기 위해 노력한다면 그것은 바람직한 일이다.

삶에서 만난 세분의 스승과 박사의 의미

나에게는 스승이 세분이 계신다. 먼저 앞에서 잠깐 언급한 송사장이라는 분이다. 이 분은 기업가답게 무척이나 현실적이다. 이러한 스승의 장점을 배우고 한 수 가르침을 받는 것이다.

두 번째 분은 나이 어린 조카인데 그는 조실부모하고 일찍 절에 들어가기도 하고 떠돌이 생활을 했다. 그러나 자기 내면을 채우는데 주저하지 않고 책을 많이 읽어 인생이 바뀌게 되었다.

그 결과 배우고 공부해서 지금은 당당한 사회의 일원으로 인정받고 대접을 받는다. 중학교 졸업장을 받지 못할 정도로 학교를 제대로 많이 다니지 못했는데 책을 많이 본 덕분에 지적 수준이 아주 훌륭하다.

그의 인생 성공을 볼 때 좋은 책과 좋은 사람을 만나는 것은 인생의 진로를 바꾸어 성공하는 길로 안내해주는 첩경이란 생각이 든다.

마지막 분은 역시 앞에서 잠깐 언급한 바 현 선생님이다. 이들 세 분의 스승은 세상을 억지로 살 것이 아니라 물 흐르듯 순리대로 살아야 한다는 것을 강조한다.

박사(博士)란 모든 것을 아는 사람으로 쉽게 인식될 수도 있는데 그 뜻을 가만히 음미해 보노라면 가장 좁은 범위의 사람으로 재인식할 수가 있다.

사회생활은 학교의 울타리에서 배운 지식으로만 성공할 수는 없다. 지적 수준도 높고 좋아야겠지만 모든 실제 현실생활에서의 모든 체험과 경험이 더 중요하다.

지적 수준이 아무리 높아도 다른 사람과 현실에 적응하고 융합이 어려운 경우가 허다하다. 사회에서 하는 공부가 학교 공부 못잖게 중요한 것이다.

실제로 혼자 깨닫고 터득한 지혜나 사회적 체험이 지식보다 나은 것이다. 인간의 텔레파시는 세계, 우주 공간에 서로 통한다. 좋은 스승과 양서를 통해 내실 있고 핵심 있는 혼을 불러 일으켜야 한다.

주역 점은 돌고 도는 세상사

주역(周易)에서 세상사의 변화를 알 수가 있다. 여기서 역이란 항상 바뀐다는 것을 의미한다고 생각한다. 결국 인생은 돌고 도는 것으로 순환과 반복을 연속적으로 하는 것이다.

지구는 돌고 인생도 돌기 마련이다. 그러므로 현실이 너무 어렵다고 낙심할 필요가 없고 현실이 잘 풀린다고 자만할 필요도 없다.

나는 개인적으로 이러한 돌고 도는 인생을 보는 본보기로 과거 모 의원님의 인생을 보기도 한다. 그는 국회의원이 될 때 공탁금이 없어 힘들게 라면장사로 마련한 돈으로 공탁하며 의원이 된 것이다.

그가 라면장사를 할 때 어떻게 감히 장래에 국회의사당에서 의사봉을 두드릴 것이란 생각을 했을 것인가? 고난과 역경을 극복한 그에게 노력의 대가가 주어진 것이다.

이처럼 현재가 힘들고 어렵더라도 참고 이겨낸다. 그러면 행복하고 화창한 꽃이 만발한 봄날에 기지개를 펼 것이다.

주역에서 이야기하는 것처럼 돌고 돈다. 그리고 이처럼 바뀌는 원인에는 음과 양이 있다. 음과 양이 조화를 이루며 바뀌는 것이다. 밤과 낮도 조화를 이루며 인간이나 만물이 성장하는 것이다.

삶의 보람

비록 초년고생은 심하였지만 그 동안 살아오면서 좋은 분들을 많이 만난 것이 나의 가장 큰 보람이다. 가난한 사람, 부유한 사람, 성공한 사람, 성공하지 못한 사람, 배운 사람, 배우지 못한 사람, 지위를 얻은 사람, 사회적 지위를 못 얻은 사람 등 여러 부류의 사람을 만났다.

그리고 이러한 만남 속에 나의 유익함을 위해 더 노력해야 했는데 그렇지 못한 것은 지금도 유감스럽게 생각하는 삶의 한 단면이다. 만남을 준비하고 그들과의 관계도 지속적으로 유지하여야 하며 서로 도움을 주고받아야 하는데 그것을 성취할 만큼 나 자신이 부족했던 것을 솔직히 시인하지 않을 수 없다.

어떤 만남은 숙명적이고 어떤 만남은 운명적이다. 그리고 운명적인 만남을 개선하기 위해 때론 해바라기가 되기도 했고 때론 수선

화처럼 자신을 돌아보기도 했다.

만남을 통해 자신을 성숙시키고 또한 발전의 발판으로 삼아야 하는데 사람들에게 잊히는 존재가 되는 것이다. 한약업계는 물론이고 사회에서도 나는 어느 정도 발이 넓다고 통하고 있다. 그러나 그러한 만남을 얼마나 서로를 위해 도움이 되는 관계로 발전시켰느냐는 나에게 안타까운 부분이다.

나같이 인복 많은 사람도 드물고 인간관계 넓은 사람도 드물 터인데 결국에는 나의 세상을 이해하는 폭이나 체험이 부족했고 지혜가 부족한 것을 토로하지 않을 수가 없다.

잊을 수 없는 이야기

나는 성공을 보람된 일을 하기 위해 끊임없이 노력하고 있는 셈이다. 내가 향수병을 이기고 이민생활을 계속했더라면 아마 지금은 성공했을 것이다. 이러한 아픈 사연은 지금도 내 뇌리에 잊히지 않는 이야기로 잠재의식 속에서 거닐고 있는 것이다.

또한 내 인생에서 결코 잊을 수 없는 지워지지 않는 이야기가 있다. 한약업계에서 산성삼이라고 하는 산삼과 유사한 삼이 있다. 그런데 아는 지인 어르신이 산성삼을 산삼이라고 나에게 소개하였다.

나는 이 어르신의 이야기를 듣고 이를 믿었다. 그 당시 나는 산성삼과 산삼을 구별하지 못하여 산삼으로 믿었던 것이다. 그래서 이 산성삼을 산삼이라고 믿은 나머지 친구에게 유통하였다.

처음에는 산삼이라고 알았으나 친구의 정확한 이야기를 듣게 되니 나 자신의 무지에 의한 실수인 것이 드러났다.

이 일로 인해 친구와 나는 신뢰를 잃게 되었고 신뢰가 무너졌다. 친구를 잃은 것 같았으며 무지로 인한 실수임에도 불구하고 내 자신의 양심을 속인 것처럼 유통시킨 내가 미웠고 잠을 이루지 못하고 더 나아가 괴로움과 울분을 참지 못했다.

정확히 말하자면 양심을 속인 것도 아닌데 모르니까 당한 아픔이었다. 먼저 의심하고 확인했어야 하는데 모르고 소개한 것이 나 자신의 잘못이 되어 돌아온 것이다. 그 뒤로 인삼에 대한 공부를 전재우 선생님으로부터 많이 배우게 되었다.

자고로 자영업을 하는 사람은 모든 것을 현장에서 체험하고 손수 확인하는 철두철미한 지식과 자세가 필요하다는 것을 이 일로 깨닫게 되었다.

가장 힘들었던 이야기

그 동안 금전이 급히 필요하면 개인적으로 아는 00장 출신 지인에게 돈 거래를 해왔다. 그와의 거래가 오랜 세월이 된다. 최근 금전 이자에 대해 서로간 오해가 생겼다.

분명히 나의 계산이 정확한데 나는 그만 제가 착각했다고 하고 말해 버렸다. 지는 것이 이기는 것이라는 나의 지론과 내가 알면서 지는 것이 편했기 때문이다.

설령 따져서 이겨도 덕이 되지 않는 것이다. 옛말에 배운 사람 여럿이 무식한 한 사람을 못이긴다라는 말이 있다. 따질 수도 있었지만 나는 차마 그럴 용기가 없었고 내가 잘못 파악한 것이라고 손해를 짊어졌다.

가진 사람은 없는 사람을 볼 때 일종의 편견을 가지고 보기 십상이다. 없는 사람을 같은 수준으로 보지 않고 이 때문에 없는 사람은 항상 자기에게 일종의 피해의식을 갖게 된다.

이처럼 금전과 관련해서 서로 오해가 생기고 자칫 싸움이 벌어질 때 나는 가장 힘이 들다. 배우고 못 배운 것을 떠나 사람들이 못 가진 사람으로 보고 그들 가진 자에게 피해올까 두려워하고 못가진 자인 내가 양심을 저버리지 않을까 믿어주지 않을 때 나는 가장 힘이 들었다. 그리고 우정이 금이 가는 것이다.

또한 내가 금전적으로 불우할 때 모든 사람이 나를 떠나고 관심이 없고 그들로부터 가까이 와서 정을 느끼지 못할 때도 가장 힘들었다. 재산이 많거나 사회적 힘이 있을 때는 많은 사람이 주위에 몰려든다. 조금이라도 도움을 받기 위해서 권력과 힘에 아부도 한다. 그러나 못가지게 되거나 힘이 없을 때는 자신에게 피해가 갈까봐 떠나는 것이 현실이다. 그래서 가장 어려울 때 있는 친구가 진정한 친구라 한다.

그리고 가장 힘들었던 사연은 83년도 한약업사 시험을 마지막으로 치르게 한 장본인이었던 고(故) 정재중 씨의 죽음이었다. 그는 그 전 한약업사 시험에서 60점 이상 고득점자가 불합격하자 선봉에서서 이들을 구제해 달라고 앞장 선 사람이다.

그와 함께 투쟁하던 나는 이 모임의 총무를 맡아 60점 이상 불합격자를 구제하여 달라고 곳곳에 호소하고 다녔다. 정재중씨는 죽음에 이르기까지 했다. 그는 영창에 3번까지 가면서 결국은 나오자마자 며칠 만에 죽고 말았다. 이 사건으로 나는 경찰청과 검찰청에 수 없이 불려 다녔다. 정재중씨의 부인은 신부전증으로 고생하고 있었고 그의 가정은 이로 인해 파탄 지경이었다. 이러한 사실을 보도한 한겨레신문은 사진과 녹음을 달라고 나에게 요구하기까지 하였다. 그러면 우리의 투쟁이 성공할 수 있다고 했다.

정재중씨는 투쟁하다 수감되었고 1, 2차 구속으로 실어증 증세마저 있게 되었으며 병고로 3차 출감 후 며칠 만에 사망하였다. 이 일로 인해 그는 재산이 탕진되었다. 그의 죽음 후 조문을 위해 나 자신도 형편이 넉넉지 못했지만 빚을 내어 돈을 가지고 나의 아내와 함께 사모님을 찾아갔다. 그러나 정작 그의 이러한 처절한 희생 덕분에 합격한 사람은 단 한번 찾아왔을 뿐이라고 사모님은 전언했다. 그 뒤로도 사모님을 찾아갔다.

그 뒤 치러진 시험에서 합격자들은 더 찾아주지 않았던 것이다. 이처럼 조변석개하는 이러한 사람들에 대해 야속하고 원망스럽지 않을 수가 없다. 오히려 리어카로 커피 배달하는 사람, 불합격한 내 자신을 포함해서 3번이나 찾아뵈었다. 세상사는 이처럼 합격해서 가진 사람이 못 가진 사람에 비해 나눔을 실천하지 않는 것이다. 진정으로 나누는 사람은 못 가진 사람이 자신의 소중한 생계비를 절약하여 이러한 나눔을 실천하는 것이다. 이러한 일로 인해 나는 눈물이 나서 참을 수가 없었고 세상 인심이라는 것이 이것뿐인가 안타깝기도 했다.

특히 이러한 그의 죽음으로 인해 한약업사가 진출하게 되어 혜택을 입었는데도 그의 죽음이 과연 그 자신이나 가족에게 무슨 의미가 있었는가를 생각해 보고 그의 고귀한 죽음 역시 잊혀져가는 것이 나를 힘들게 한다.

정재중씨의 죽음은 살신성인의 정신에서 비롯된 진정한 이웃사랑의 실천이라고 본다.

30년 억울함 구제해 달라

앞에서 이야기 하였듯이 한약업사 자격을 인정받지 못하다가 최근에 청원을 제기하였으며 이것이 언론 보도를 통해 전파되었다. 서울경제신문 2010년 3월 6일(토요일)자 25면에 실린 기사를 인용하여 그 부당함을 호소하고자 한다.

한약업사 인정 못 받은 70여명, 30년 억울함 구제해 달라
권익위에 청원제기, 복지부는 불가 방침

한약업사 자격을 획득하고도 지난 30여 년간 이를 인정받지 못한 70여명이 국민권익위원회에 피해를 구제해달라고 청원을 제기했다. 하지만 관련 업무를 담당하는 보건복지가족부는 의료 환경 변화로 이들의 요구를 받아들이는 것이 불가능하다는 입장이어서 권익위의 판단이 주목된다.

송 모(65)씨 외 77명은 지난 1983년 옛 보건사회부(현 복지부)가 주관한 한약업사 자격시험에 합격하고도 자격을 취득하지 못한 억울함을 해소해 달라며 최근 권익위에 청원서를 제출했다고 5일 밝혔다.

한약업사는 일제강점기 시절의 한약종류 상거래를 그대로 유지해 오다가 1971년 제도화됐으나 송씨 등이 시험을 치른 1983년 이후로는 더 이상 시험이 실시되지 않는 등 사문화한 제도이다.

현재 1,300여명이 남아 있으며 복지부는 이들의 기득권을 유지하도록 보장하고 있고 추가 선발은 없다는 반응이다.

송씨는 "당시 한의사 시험보다 어려운 과정을 거쳐 합격 가능한 점수를 얻었음에도 정부와 의사, 한의사, 약사들의 로비에 끌려 다니며 한약업사 자격을 주지 않았다"고 주장했다.

이들은 언제 자격을 얻게 될지 몰라 약재상 등에서 일하며 생활고를 겪은 것은 물론 주변의 멸시를 받았다며 물질적, 정신적 피해가 말로 표현할 수 없을 만큼 컸다고 설명했다.

송씨는 "나 역시 시험에 떨어지고 이러한 제도적인 불합리한 모순이 있는 한국이 싫고 한이 맺혀 20여 년 전 미국으로 이민을 갔으나 향수병 때문에 돌아왔고 주변에서는 이 문제로 자살을 시도한 사람도 있다"며 "정부가 이제는 피해를 구제해 줘야 한다"고 강조했다.

이에 대해 복지부는 과거의 잘못은 어느 정도 인정하지만 현재로서는 책임질 수 있는 부분이 없다고 설명했다. 복지부의 한 관계자는 "과거 보건의료체계가 미흡한 시절 면 단위 지역에 의료 부족을 해소하기 위해 도입한 제도였으나 1980년대 이후 의료체계가 어느 정도 갖춰져 시험을 실시하지 않고 있다"며 "한약업사 자격을 달라는 부분에 대해서는 기간이 오래 돼 자세히 알지 못하고 이에 대한 구체적인 논의가 현재는 없다"고 말했다.

봉사하고 봉사를 받다

봉사의 진정한 의미는 타인을 위한 사랑의 실천이자 고결한 희생이다. 즉 결코 자기 명예를 위한 것이 아니다. 겸손해야 하고 검소해야 하며 타인을 위해 헌신하고 솔선수범해야 한다. 그리고 존경받을 수 있어야 한다.

봉사는 겸손과 희생, 존경, 배려의 종합적인 것으로 명예나 자기과시욕으로 하는 것은 절대 아니다.

나는 동국대학교를 이수한 관계로 라이온스 동국대 동경라이온스 회장직을 맡아 봉사하기도 했다.

자원 봉사활동 중 가장 기억에 남는 일이 있다. 한번은 서울시립요양원에 봉사하기 위해 갔다. 거기서 어느 노인을 만났다. 그는 군장교 출신으로 사회적 지위도 있는 사람이었다. 그의 가장 큰 고민은 외로움이었다.

자식에게 면회 오게 하려 해도 그의 가족에 가정불화가 일어날까 봐 오라는 소리도 못한다고 했다. 나이 들고 병드니 누구 하나 쳐다보는 사람도 없고 자식마저 가정불화가 일어나니 외롭게 살아간다고 말했다.

나의 평범하고 따뜻한 말 한마디에 눈물을 흘리며 다음에 다시 또 오라고 이야기했다. 그 때 그 느낌은 내가 그 사람 봉사해 주러 갔는데 도리어 내가 참 봉사를 받고 위로와 용기, 힘이 난 경우가 있었다.

그리고 어떤 노인은 자식이 없었는데 긍정적으로 마음을 비우고 살고 있었으며 나는 여기서 인생의 또 다른 희극적인 면을 발견할 수가 있었다.

지난 과거가 중요하지 않다

과거는 지난 부도수표라고 한다. 내 친구인 양장군처럼 내가 과거 장군이라고 해서 현재 장군은 아니라고 하듯이 우리 현실은 과거 속에 사는 것도 아니며 오직 현실일 뿐이다. 내게 남은 인생을 열정과 긍정적으로 내 인생을 행복하게 살고 싶다. 남을 위해서 베풀 수 있고 조금이라도 도움을 줄 수 있는 삶을 살기 위해 남은 인생 보람을 찾고 싶다. 그리고 남은 인생에 남을 위해 최선을 다하고 싶다.

희망찬 미래를 꿈꾸고 가는 사람은 두렵지 않다. 오늘보다 나은 내일이 기다려지는 현실 속에서 살고 이런 현실의 지혜와 용기가 행동으로 펼쳐지는 삶을 살아가는 것이다.

꿈꾸는 사람은 많지만 그 꿈을 자신의 것으로 만드는 사람은 드물다. 성공을 향해 달려가는 방법이 어떤 것이냐에 따라 결과적으로 희망으로만 남게 되는 경우가 있는가 하면 희망을 현실로 만드는 사람이 있다.

개인적으로 나는 내일은 언제나 항상 진보와 향상으로 어제보다 나은 내일이 되려고 하고 있으며 그 가운데 나는 존재하고 있다.

지금 현실과 내일을 나의 것으로 만들기 위해 역전과 기회는 언제나 있다고 나는 생각한다. 그리고 세월이 흘러 나이가 들더라도 늦지 않았으니 자신을 믿고 성공적 내일을 믿고 행동해야 한다.

성공을 강력히 원하면 그리고 발전을 원한다면 목표와 꿈을 크게 가져야 한다. 그리고 이 목표와 꿈을 실현시키기 위해 노력하는 사이 당신은 월등히 발전하고 있을 것이다.

현대 경쟁 사회에서 누구나 성공에 대한 소망을 가지고 살아간다. 그리고 이러한 소망을 희망을 이루기 위해서는 구체적인 인생 설계를 해야 한다. 성공을 원하기를 바라는 꿈으로는 아무 것도 이루어지지 않는 것이다. 성공을 이루기 위해서는 꿈을 이루기 위해서는 노력을 아끼지 말아야 하고 강력한 의지와 신념, 그리고 용기가 있어야 한다. 또한 그 꿈을 이루기 위해 무엇이 필요한 지도 분명히 알고 정확하게 분석해야 한다.

이처럼 성공을 하기 위해 가장 힘써야 할 것은 체계적인 인생 설계와 치밀한 자기 관리와 더불어 서로에게 힘이 되는 윈윈관계 즉 인간관계를 잘 만들어 간다면 두려울 것이 없는 것이다.

그러나 이같은 요소를 무시하고 성실함만을 무기로 삼아 성공을 향해 뛰어간다면 쉽게 지칠 위험이 크다.

장애물에 부딪칠 때마다 제대로 준비되지 않은 자신을 질책하게 될 것은 자명하다. 언제나 우리는 자신을 믿어야 한다. 그리고 잠재되어 있는 본인의 능력을 잘 펼칠 수 있도록 스스로를 격려하고 때로는 단호하게 실행에 옮겨야 한다. 그러면 성공적인 미래는 점점 더 선명해진다. 더욱이 성취하는 보람도 느낄 것이다.

나아가 늙은 말이라고 콩을 싫어할 수 없고 나이 들었다고 봉사와 배려를 할 수 없지는 않다. 인생에서 남은 시간에 과거는 중요한 것이 아니고 남은 시간에 현실이 더 중요하다.

좋은 인연에는 서로의 노력이 필요하다

좋은 인연은 하늘에서 떨어지지 않고 땅에서도 솟는 것도 아니다. 오직 사람으로 통해서 복이 돌아온다. 그렇다면 서로 좋은 분들과 좋은 인연으로 서로의 노력과 서로의 존경과 사랑, 성실과 신뢰가 필요하다.

현실 사회는 너무나 타산적이고 계산적이다. 그래서 관계가 오래 지속될 수가 없고 따듯한 인정이 없이 사회가 각박하다.

그리고 좋은 인연으로 지속되고 관계를 맺기 위해서는 서로 간에 노력을 해야 한다. 이러한 노력은 서로에 대한 깊은 신뢰와 이해가 있어야 하며 상대의 부족한 부분에 대해 인내해야 한다. 또한 서로 간에 이해타산적인 관계로 인해 발생되는 불신과 오해를 믿고 양보하는 노력이 절실히 필요하다.

그렇다면 사회에서 교육이나 관계에 대한 어떤 철학이 필요한지도 생각해 보아야 할 것이다.

대한민국은 과거에 "스승의 그림자도 밟지 않는다."는 윤리교육이 기본적인 교육의 출발점이었다. 그런데 지금은 이같은 윤리교육이 땅에 떨어져 없어졌다. 좋은 인연을 만들기 위한 서로의 노력도 이러한 윤리교육이 뒷받침 되어야 그 진가를 발휘할 수가 있다.

미국의 교육은 봉사와 기부교육이다. 일본 교육은 타인에게 폐를 끼치지 않는 교육이다. 그렇다면 한국의 교육은 앞으로 어떠해야 할 것인가 진지하게 대한민국과 그 사회를 위해 자라나는 청소년에게 중요하며 고민해야 할 문제이다.

대한민국의 교육이 지향해야 할 가치는 크게 두 가지라고 본다. 시대의 변화에 따라 윤리교육이 사라지고 현재 중점을 두어야 할 가치 있는 교육은 인성교육과 창업교육이라고 결코 말하지 않을 수가 없다. 이같은 인성교육과 창업 교육이 갈수록 심화되고 경쟁이 치열해지는 세계적인 자본주의 환경에서 대한민국 교육이 근간으로 삼아야 할 목표라고 본다.

옛날에는 부모님이 부르시면 씹고 먹고 있던 밥까지도 내뱉고 대답해야 한다고 했다. 그러나 지금 우리의 교육이 이런 윤리가 없어졌다면 인성교육과 창조교육으로 변화해야 한다고 볼 수가 있다.

변화는 사회로부터가 아니라 자신으로부터 먼저 시작되어야 한다는 것을 주장해 본다.

5부 | 26만을 위한 향우회 회장

"나의 진실과 솔직한 속마음을 다른 사람이 몰라줄 때 나는 말할 수 없이 안타깝고 비통하였다. 그러나 진실은 언젠가는 밝혀질 것이다. 무엇보다도 지금까지 나의 선한 양심을 가지고 이것을 지키며 살아왔다는 것이 나 자신에 대한, 스스로에 대한 애정이다."

고흥군 향우회장으로서 봉사 143 /향우회장의 시련 147
정치와의 미로 속 길 찾기 150 / 좋은 건강 유지와 치료법 152
인생에서 가장 중요한 것 156 / 잠 못 드는 밤의 상념들 160
가치관 이야기 162 / 젊은이들에게 168 / 우정이냐 현실이냐 170
가족에게 못 다한 이야기 173 /여러 모임의 특성과 봉사의 서열 175

고흥군 향우회장으로서 봉사

최근에 기업이나 부자들에게 기부문화가 확산되고 있다. 일반인들에게도 나눔이라는 것이 자연스럽게 받아들여지고 있다. 그래서 봉사의 자세에 대해 한번 짚고 넘어가야 한다고 생각이 든다.

먼저 봉사는 자기 자신을 낮추어야 하고 이해타산이 없어야 한다. 그러기 위해서는 봉사자는 자신의 불우했던 처지를 생각하고 봉사 받는 사람과 같은 입장이 되어야 한다. 우리가 고생을 하는 이유도 다른 사람을 이해하고 입장을 존중하기 때문이라고 볼 수 있다.

자신이 가난하여 춥고 배고파 본 경험이 있어야 다른 사람이 이와 같은 경우라는 것을 역지사지(易地思之)로 알 수가 있기 때문이다. 그리고 자기 자신이 거만하거나 도도해 가지고선 춥고 배고픈 다른 사람의 입장을 이해할 수가 없다.

그래서 낮은 자세로 봉사하라는 것이다. 낮은 자세는 봉사 받는 사람보다 자신이 열악하다는 자세를 말한다. 봉사 받는 사람보다 봉사하는 자기가 보다 낮고 더 따듯한 정으로 나누는 자세가 아니면 봉사를 할 수 없다.

자기가 이들보다 못하기 때문에 이들을 섬길 수가 있고 봉사할 수가 있는 것이다. 가장 낮은 자가 가장 큰 자가 될 수가 있다는 성구가 있다. 이처럼 종의 마음처럼 다른 사람에 대해 낮은 마음으로 섬길 때 진정한 봉사의 가치가 있는 것이다.

또한 봉사자는 타인을 사랑과 존경하고 배려하여야 한다. 이 같은 마음의 밑바탕에는 사람에 대한 사랑과 존경이 실려 있는 것이다. 다른 사람을 존경하지 못하면 자신도 타인에게 존경받을 수가 없다.

타인의 입장을 이해하고 존경해야하며 더 나아가 상대방에 대한 배려를 해야 한다. 배려라는 것은 상대방이 무엇을 지금 시급하게 필요로 하는지를 알고 그것을 주는 것이다.

상대방은 등이 가려운데 상대방의 손등을 긁어서는 안 된다. 이것을 가능하게 하는 것 역시 앞에서 말한 바처럼 어려움에 자신이 처해보고 그것을 이겨내야 상대방의 필요를 알 수가 있게 된다.

그리고 상대방의 어려움을 알았으면 그것을 아낌없이 도우려는 것 역시 상대방에 대한 배려이다. 상대방의 어려움에 대해서도 알고 있고 무엇을 필요로 하는지도 알고 있으면서도 그것을 채워주지 않는다면 그것은 사랑의 봉사라고 할 수가 없고 봉사자로서의 자격도 상실된다고 할 것이다.

서로 봉사하는 사람이나 봉사 받는 사람이나 서로의 필요를 알고 이것을 채워주는 것이 진정한 봉사이고 하는 사람이나 받는 사람이나 가슴 흐뭇한 봉사가 될 것이다.

또한 봉사는 자신을 희생해야 한다. 자신을 희생한다는 것은 자기의 이익을 버리고 상대방을 위해서 자신을 포기하는 것이다. 자기가 갖고 있는 재능이나 기술, 금전, 도구 등을 상대방을 위해서 베푸는 것이다.

재능기부란 말이 있다. 생활전선에서 자신이 가지고 있는 기술로 상대방을 위해 봉사한다는 것이다. 연유로 봉사는 배운 사람, 못 배운 사람을 가리지 않는다. 곧 자신이 사회에서 발휘하는 능력이 있기 때문이다.

이 달란트로 상대방을 위해 봉사하는 것이다.

마지막으로 봉사는 명예나 명분을 위한 것이 아니어야 하며 자기 이해타산적이어서는 안 된다. 자신의 명예나 명분을 위해서 봉사한다면 그것은 자신의 일신의 이익을 위해 봉사 그 자체에 순수함이 있는 것이 아니라 이기적인 자세이다.

그렇게 되면 봉사를 하려는 목적이 없어지고 자신의 욕구만을 채우는 사람이 되는 것이다. 자신의 이기심을 버려야 하며 그래서 봉사에도 사랑과 존경, 배려가 필요한 것이다.

이 같은 봉사의 자세를 알고 있기에 나는 26만의 고흥군 향우회 장직을 맡게 되었다. 서울에 와서 어렵게 살고 있는 고향 분들을 위해 봉사를 해보고 싶었던 것이다.

중학교를 마치고 상경하여 누구보다도 먼저 서울에 왔고 생활전선에 뛰어들었다. 고향의 사정도 익히 알고 있고 동향인들이 서울에 와서 필요로 하는 것, 그리고 고향에 필요로 하는 마음과 정이 필요하다는 것을 잘 알고 있었다.

무려 26만이나 되는 고흥군향우회의 회장을 그래서 내 자신을 다시 한 번 버리고 고향 분들의 따스한 정이 삶의 활력소가 되게 하기 위해 최선을 다하고 싶었던 것이다.

머나 먼 타지에 와서 이들은 고생을 겪었고 지금도 고생을 하고 있으며 나는 이들을 위해 물질적으로 큰 도움은 되지 못할망정 마음적으로 사심 없이 봉사하고 싶었던 것이다. 이렇듯 향우회장직을 수락한 내 마음에는 고향 분들의 복리와 고흥의 발전을 기약하며 앞장서리라 다짐하고 있었던 것이다.

향우회장의 시련

고흥군 향우회, 해병대 전우회, 고대교우회는 불가사의의 하나라고 서울대 사회복지대학원 논문에 실린 글이 있다. 나는 고흥군 향우회장을 맡아 봉사한다는 순수한 마음에서 시작하였으나 이런 마음은 음해와 시기, 질투, 모함을 당하기까지 하였다.

믿고 맡긴 사람이 장부를 조작하기까지 한 것이다. 그리고 향우회 조직 안에는 모함, 질투, 시기, 음해가 도사리고 있었다. 그 결과로 나는 금전적, 가정적, 정신적인 이미지가 실추되었으며 심지어는 삶에 대해 다시 한 번 재고해 보는 결과로 내몰렸다.

회장으로 재임 시 사람을 믿고 쓰며 모든 것을 위임하였다. 그를 믿고 도장과 통장 등 모든 것을 맡겼다. 그러나 그는 장부조작을 하였고 믿고 쓴 사람에게 책임과 무능의 올가미가 씌워졌고 실패자가 된 것이다.

지금도 왜 내가 통장과 도장을 임원에게 전부 맡기었는지 내 자신 스스로 이해하기 어렵다.

향우회장시 회장으로 임원 000을 채용했는데 권한을 넘어서 그가 회장역할을 하고 0000을 하고 000위조를 한 것이다. 이 일로 내용증명을 2번 보냈고 통장 내역서를 달라고 수십 번 찾아가 종용했으나 그는 자신의 00죄가 증명될까봐 통장을 지금까지 내어주지 않는 것이다.

은행에서는 통장내역은 고발했을 때만 내역서를 제공한다고 이야기하였고 이 일로 인해 나는 지금까지 시달리고 있다. 만약에 그를 고발했더라면 그 사람과의 00이 시작되었을 것인데 그래서 차마 고발할 수가 없었다.

믿는다는 것은 순수하나 이것을 다른 사람들은 받아들이지 못하였다. 그리고 나에게는 크게 서운하였고 배신감을 느끼게 되었다.

서류를 00한 사람을 고발한다면 어떻게 될 것인가? 도 무척이나 고민스러웠던 부분이었다.

머슴이 똑똑해야 주인이 양반 노릇한다는 말이 있다. 밑에 있는 사람으로 인해 누명을 썼을 때 참말로 감당하기 힘들었다. 이로 인해 나는 부천에 있는 집을 팔아야 하는 등 엄청난 재산을 손실하였고 남들에게 많은 신용을 상실했다.

진실은 시간이 지나가면 다 알게 되고 밝혀진다. 회장을 맡아서 책임을 다하느라 집을 날리고 빚더미에 앉게 되었다. 빚은 빚대로 남게 된 것이다.

향우회장을 끝내고 조그만 빚 때문에 약속과 신뢰를 지키지 못하고 불신하며 나의 진실한 마음까지 호도당할 때 그리고 나의 경제적인 것만 보고 나쁜 사람으로 취급을 당할 때 나는 인생에서 무척이나 괴로웠다. 지금까지 나는 이러한 일로 인해 고통을 겪고 있다.

진실과 사랑을 서로 공유하지 못하고 다른 사람의 신뢰에 배신하고 모든 책임이 나에게 돌아왔을 때 그 시련과 아픔은 60평생 처음 당한 뼈를 깎는 아픔이었다.

26만의 향우회장은 권한은 없고 책임과 손실만이 있을 뿐이었다. 이를 경험한 나로서는 어려운 자리라는 것을 통감하게 되었다.

이런 향우회 같은 단체는 절대 물이 고여서는 안 되고 묵은 가지에서 과일이 열리지 않듯이 자꾸 바꾸어야 한다. 새로운 조직으로 구성되어야 한다. 봉사라는 것은 자신을 아래로 낮추고 사람들을 배려하고 존경하면서 섬기는 것이며 대가가 없는 것이다. 권위의식으로 목에 힘주고 명예만을 내세우는 것은 진정한 봉사가 아닌 것이다.

정치와의 미로 속 길 찾기

정치와의 인연은 한영수 국회의원님을 만나면서 비롯되었다. 그러면서 군사정부 시대인 1987년에는 운동원 20여 명이 규합해 제3세대당을 창당하기도 하였다. 그런데 이 20명 중에 000사람이 들어와 공작을 하기까지 하였다.

정치에 대해서 배우는 과정 속에서 정치가로 성공한다는 것이 그리 쉬운 일이 아니라는 것도 깨닫게 되었다.

우선적으로 정치가로서 출세하기 위해서는 정치적 상품이 충분하여야 한다는 것도 알게 되었다. 뜻과 목적이 아무리 훌륭하고 건전하더라도 그것을 이루는 과정에는 능력이 개입되어 있다는 것을 뼈저리게 느끼게 된 것이다.

항상 언론지상에서 등장하는 화제이지만 정경유착(政經癒着)이 되어 거물급 정치인이 하루아침에 몰락하는 경우가 허다하다. 정치를 하려면 자금이 필요하고 그 자금 마련을 위해 경제인과 밀착되어 불법한 자금을 끌어들여서는 안 되는 것이다.

정치를 하기 위해서는 본인 상품도 중요하지만 진실과 투명성이 필요하다고 본다.

또한 지연이나 혈연, 학연도 중요하다는 것을 알게 되었다. 집안이 부유하고 배경이 좋지 못하면 정치가로서 성공하기가 더 힘들어진다. 한국사회에는 이처럼 혈연, 지연, 학연이 크게 성공을 좌우하는 역할을 하고 있다. 이같은 사실은 정치에 있어서도 마찬가지이다. 정치를 하려면 우선 배경이 좋아야 하는 것이다.

당시 집사람과 함께 있을 때 한영수 의원님이 지금 출마하라고 권유했고 지금 출마하지 못하면 50대에도 출마하지 못한다고 적극적으로 출마 권유를 하였다.

이러한 사실을 알게 된 나로서는 정치행위에 대한 꿈을 접느냐 마느냐 결단하지 않을 수가 없었다. 제3세대당 역시 자금난으로 힘들었다. 그리고 군소정당이었으므로 공천이 된다고 하여 그것이 곧 당선이라는 등식이 성립될 리는 만무했다.

그렇다면 정치가로서 성공하는 것도 내 길이 아니라는 생각이 들었고 일단 보류하기로 마음먹고 정치에 관심을 가지고 촉각을 곤두세우기는 하되 일선에 뛰어들 용기가 없게 되었다.

좋은 건강 유지와 치료법

한약업에 뛰어 든 이후로 나는 아픈 환자들에게 한약을 제공하였고 그러면서 평소 건강유지법에 관심을 가지고 있다.

나의 건강유지법이라는 것은 대단히 간단하여 누구라도 쉽게 할 수가 있다.

그 몇몇 가지를 이야기 한다면 앞에서 신체에 좋은 한방이야기에서 언급을 했던 바처럼 규칙적인 식사이다. 하루 세끼를 제시간에 식사를 하는 것이다.

그리고 마음은 항상 편하게 가져야 한다. 항상 긴장하고 스트레스에 찌든 현대인에게 마음을 편안히 가지는 것은 어려운 일이라는 것은 알지만 혼자 있을 때는 최대한 마음 상태를 편안히 가져야 한다. 마음으로 병을 이겨내야 한다.

1948년 세계보건기구(WHO)의 헌장에서는 건강을 인간의 '생활개념'에서 파악하고 있다. '단순히 질병이 없거나 허약하지 않다는 것에 그치지 않고 완전한 신체적, 정신적 및 사회적 안녕상태로 정의하고 있다. 즉 건강이란 신체적, 정신적으로 완전한 양호상태에 이르는 것을 말하며 단순히 질병이나 병약함이 없다는 것은 아니다. 질병이란 자연치유력이 체내의 무질서를 조종할 때 나타나는 증상이다.

이같은 안녕상태 곧 건강 유지와 관련하여서는 나는 크게 두 가지 방법을 강조하고 싶다. 첫 번째로 자연환경과 가까이 하는 것이고 두 번째는 면역력을 기르는 것이다.

첫 번째는 친환경적이고 친생명적인 환경이 중요하다는 것이다. 그렇기 위해서는 먼저 생활주변의 다양한 환경이 자신에게 쾌적해야 한다. 또 안전하고 자연적인 음식을 먹어야 한다. 안전하고 위생적인 음식물을 먹는 것도 건강유지의 필수적인 요소이다. 그리고 정신적으로 사람들과의 정서적 연대를 통해 스트레스가 최소화되어야 한다. 정신건강이나 신체건강을 위해서 스트레스를 관리하며 최소화시켜야 하는 것이다.

현대병은 생활습관병이라고 불리는 만큼 의식주 전반에 걸쳐 가정이나 바깥에서의 환경을 친환경적이고 건강을 지킬 수 있는 환경으로 바꾸어 나가야 한다. 건강은 자연과 불가분의 관계이다. 자연과 환경의 중요성을 인식하고 인간과의 조화를 이루어야 건강을 유지할 수가 있는 것이다.

그리고 이것을 자신의 의지와 노력으로 생활 속에서 실천해 나가야 한다. 건강한 몸도 공짜로 주어지는 것은 아니다. 건강한 몸은 평생 관리하고 노력하는 사람만이 누릴 수 있기 때문이다.

두 번째로 면역력을 기르는 일이다. 실제로 우리 몸에는 세균과 면역세포가 공존하며 면역력은 우리 몸의 세포가 세균이나 노폐물을 먹고 소화하는 힘이다. 따라서 우리 몸 안에는 세균을 스스로 처리할 수 있는 힘이 있으며 이것을 잘 이용하면 건강을 지킬 수가 있는 것이다.

그리고 쉽게 면역력을 높이는 방법이 있다. 세포의 신진대사를 촉진하기 위해 코로 호흡하여 신선하고 깨끗한 산소를 마시고 또 소화가 잘 이루어지기 위해서 찬 음식물로 장을 차게 하지 않으며 영양이 균형이 이루어진 식사를 잘 씹어 먹는 것도 그 방법이다.

그리고 잘 때도 입을 다물고 코로 숨 쉬며 숙면을 취하는 것이 좋다. 입을 벌리고 자면 혀가 목을 막고 목이나 폐가 건조해 지게 되기 때문이다. 그리고 음식물을 양쪽 이빨로 씹어 먹는 습관도 중요하다. 인간의 아름다운 자태와 용모는 입과 턱을 올바르게 사용할 때 만들어진다. 그러므로 한쪽으로만 음식물을 씹는 습관을 고쳐야 한다.

그 외에도 수면은 신진대사를 회복하는 보약 같으므로 숙면을 취하는 것도 중요하다. 다양한 스트레스로부터 우리 몸을 지키고 신진대사력을 회복하기 위해 가장 좋은 것은 숙면이다. 세포도 에너지 충전시간이 필요하고 잠에서 깨어 일상생활에 복귀할 때 활발히

활동할 힘을 비축하는 것이다.

현대인들에게 건강을 위해 운동을 하는 것도 필수적이라고 할 수가 있다. 규칙적으로 가벼운 운동을 하고 긴장을 풀어주어야 한다. 이에 대해서는 자신의 몸 상태와 맞는 운동을 할 필요가 있다. 자신의 몸과 맞지 않는데도 그러한 운동을 하게 되는 경우 무리가 오게 되고 인체는 불균형적이 되어 건강을 해치게 되는 경우도 많다.

자신에게 알맞은 운동이란 생각해 보면 결국 자신이 즐거이 할 수 있는 운동이며 의사의 권유를 받고 하는 운동이 될 것이다.

마지막으로 남을 배려하는 마음이나 애정을 표현하는 형태의 스킨십도 호르몬의 분비를 촉진하고 자기 자신도 상대방도 활력 있게 만드는 생명력의 에너지원이다.

상대에 대한 세심한 배려를 아끼지 않는 마음은 면역력을 높이기 위해서도 필요하다. 상대의 입장에서 바라보고 배려하는 긍정적인 사고는 에너지 교류에 의해 긴장이 풀리고 마음이 열린다. 마음이 열리면 몸이 부드러워지고 기운이 넘쳐나고 타인에게도 베푸는 넓은 마음이 생기는 것이다.

인생에서 가장 중요한 것

아무리 사소한 일이라도 그 결과를 보면 중요한 일이 될 수 있는 인생길에서 왜 중요하지 않은 것이 없겠느냐마는 인생에서 가장 중요한 것은 만남이라고 생각해 본다. 만남을 통해 인생의 진로가 바뀌기 때문이다. 만남을 잘 하는 것은 바로 성공의 비결이라면 과언이 될까?

성공의 비결은 바로 만남에 있으며 이것은 자신이 처한 극단적인 환경에서 인생역전을 가져오기 때문이다.

나는 인생에서 정치적인 선배를 만났으며 제3세대당을 함께 창당한 한영수 의원님을 만났고 여러 학교나 직장, 사회에서 내 인생의 가장 중요한 사람을 만나게 되었다.

만남의 중요성은 아무리 강조해도 지나치지 않다. 흔히들 중요한 만남으로 세 가지를 든다. 먼저 부모와의 만남이 있고 그 다음이 배우자와의 만남이다. 마지막으로 종교와의 만남이다.

종교와의 만남은 예수, 석가, 공자 등과의 만남이며 이러한 세 가지 만남에 추가적으로 중요한 만남은 자녀와의 만남, 사람과의 만남이라고 할 수가 있다.

옛날 삼국지에서 보면 유비가 공명을 만나 세상을 다스리고 정복했으며 한 무제는 낚시를 하며 사람과 세상을 낚던 강태공을 만나 정복사업을 활발히 하였다.

내가 아는 만난 사람 중에 O대령이라는 군에서 대령으로 예편한 사람이 있었다. 그의 집안은 교수집안이었으나 그의 아내는 가난했다. 그러나 O대령은 경기도 부천 변두리에 버스 종점에 있는 건물을 짓고 소유하였다.

그래서 그는 임대 수익으로 금전을 벌어들였고 그의 아내는 종교에 열렬한 신앙인이었다. 그러다 아내는 더 금전을 많이 벌어들이기 위해 다방을 운영하였다. 여기서 문제는 촉발되었다.

다방을 운영하던 그녀는 좋지 않은 사람을 만나 그의 꾐에 넘어가고 말았다. 그에게 돈을 빌려주고 이런 저런 여러 가지를 제공하였다. 이를 알게 된 O대령은 이혼을 하게 되었고 애들은 다 성장한 가정이었으나 파경이 온 것이다. 평소에 잘 하고 잘 벌고 잘 살다가 그만 일순간에 가정을 파탄지경으로 몰고 온 것이다.

여기서 만남의 중요성을 다시 한 번 강조하고 싶다. 소크라테스처럼 악처를 만나느냐 이율곡의 어머니인 신사임당처럼 현모양처를 만나느냐는 아주 중요한 인생을 결정하는 만남이다.

어떤 배우자를 만나는가에 따라 남편의 인생행로가 결정되기도 하기 때문이다. 사업을 하면서도 누구를 만나느냐에 따라 사업이 성공하기도 하며 실패로 막을 내리기도 한다.

사업영역에 있어서도 그렇고 이것은 정치가에게도 마찬가지이다. 그리고 만남을 통해서 같이 공생하는 것이 중요하다. 서로의 만남에 플러스가 되는 WIN-WIN이 되는 것이 바람직하며 이것을 잘하는 외교관으로 유엔 사무총장으로 재임하면서 대한민국을 빛내고 있는 반기문 총장을 꼽을 수가 있다.

서로 도움이 되는 귀인이 되어야 하며 일방적인 도움을 주고받는 관계는 균형이 깨지고 이렇게 되면 둘의 만남은 어려워진다. 서로가 서로에게 공헌해야 하는 것이다.

그런즉 공생이 되어야만 서로가 좋고 자기도 서로의 목적을 확보하는 것이며 주고받는 관계가 되어야 한다. 그리고 이처럼 되기 위해서는 시간과 경비를 당연히 투자해야 하는 것이다. 이런 관계에서 서로 진실과 존경이 싹트는 것이다.

최근에 재경 고흥 군민 체육대회에 참석하였다. 참가인원만 1만여 명 이상 되는 큰 행사였다. 여기서 고향 사람인 000 의원을 조우하게 되었다. 그는 키도 작고 나이도 어리지만 나보다 성공하였고 정치가로서 크게 성공하였다.

또한 민주당의 000 의원도 만났다. 000 의원은 많은 고생을 하며 정치가로 성공한 입지전적인 인물이다.

그들에게 공통점으로 그들은 사람을 잘 만났다는 것을 깨달을 수가 있었다. 지금 시대에 사람이 유약하고 유순해가지고만은 살기가 참 힘들다. 이처럼 사람을 잘 만나야 한다.

사람이 태어나서 부모님을 잘 만나는 것도 중요한 만남으로 부모님의 팔자가 본인의 반팔자가 된다는 말이 있다. 부모님과의 만남은 자기 인생의 가장 큰 요체가 된다.

이처럼 스승, 종교, 친구, 부모와의 만남은 인생의 가장 큰 계기가 되며 전환점이 된다.

나는 근래에 부산에 다녀왔다. 군수, 의장들과 동행하여 공항에 도착하니 의원님이 나와 계셨다. 거기에 오신 분들은 이처럼 높은 분들과 만나 눈도장을 찍으러 인사차 온 것이었다.

윗사람과의 만남으로 역시 진로와 인생이 바뀌는 것이다. 즉 출세의 길이 달라진다. 나는 같은 테이블에서 앉게 되었는데 그런데서 우연의 일치지만 관계가 형성되고 달라지는 것이다. 만남이 이처럼 중요한 것이다.

만남과 인연이란 서로가 공존하고 공생하는 것처럼 서로에게 유익한 것이다.

잠 못 드는 밤의 상념들

옛말에 성인도 하루에 세 번의 실수를 한다는 말이 있다. 상대방이 잘못을 한다고 이를 따질 수만은 없다. 자신이 겪은 경험으로 약자의 심정을 헤아리고 포용해야 하는 것이다.

심지어는 잘못을 범하는 사람은 광기에 빠져 하는 경우가 있다. 이 같은 광기에 대항하다가는 같은 처지가 될 수가 있다.

동물의 세계를 보면 약육강식의 세계이다. 이 같은 동물의 세계 질서는 인간사회에도 마찬가지다. 사회도 엄연하게 약육강식의 질서가 존재하는 것이다. 없는 사람은 노동을 착취당해야 한다.

내가 일하는 직종인 한의학계도 이러한 질서는 존재해 결국에는 자기 밥그릇 싸움이다. 한의사, 약사와 한약업사간의 일종의 싸움으로 인해 그 피해는 고스란히 국민이나 환자가 떠안는 것이다.

결국 약자는 자신의 이익을 포기해야 하고 더 큰 것을 위해 적은 것은 포기하기 마련이다. 그리고 장사하는 사람은 자신이 옳다고 하더라도 시시비비를 정확히 따지지 못한다. 정확히 따지다가는 자신의 장래 이익이 감소되기 때문이다.

또한 살다보면 항상 정상적으로 살 수만은 없다는 것을 깨달았다. 조금은 돌연변이적 행동도 필요하고 돈키호테가 되어야 할 경우도 발생하며 실수를 하는 것이 자신의 가치를 인정받고 필요한 것이 엄연한 사회이다.

가치관 이야기

사람들은 누구나 살아가면서 경험을 하고 이것으로 얻은 교훈을 평생 지켜나가는 대원칙으로 정한다. 바로 이것이 가치관이라고 할 것이다. 그리고 이러한 가치관은 누가 이것이 좋은 가치관이라고 이야기해서 자신이 갖게 되는 것도 좋지만 자기가 현실에서 치열하게 고생하고 고민하면서 체험으로 얻은 것이 더욱 좋다.

자기가 현실에서 고생하면서 얻어야 그것이 평생 자신의 삶의 기본 틀이 되고 지키게 된다. 역시 나도 고생하면서 여러 생활방식으로 인해 터득하고 평생 지켜나갈 가치관이 있다.

그 중에 독자에게 도움이 될 만한 가치관을 몇 개 소개하고자 한다. 먼저 자기중심이라는 것이다. 언뜻 생각하면 자기중심적인 이기적인 생각과 행동이라고 착각할 수 있지만 내가 말하고자 하는 것은 자기 주관이 투철해야 한다는 것이다.

다른 사람이 어떤 이야기를 해도 투철한 자기 생각과 방향을 가지고 흔들리지 말아야 한다는 것이다. 요즘 사회에 얼마나 감언이설(甘言利說)이 많고 유혹하는 말이 많은 세상인가?

감언이설에 속지 않고 자신의 사고방식과 대원칙을 지키는 것이 바로 자기중심이 있다는 말이다. 또한 자기 인생을 최종적으로 책임져야 하는 것은 바로 자기 자신이다. 누가 충고를 하고 지시하든 간에 그에 대한 행동 책임은 남이 아니라 바로 본인이 져야 하는 것이다. 역시 어떠한 과정으로 행동하고 살았든 그러한 행동이나 삶에 대한 결과는 바로 자기 자신에게 돌아오는 것이다.

인생에서 어떤 핑계도 통하지 않을 때가 있다. 누가 지시했다든지 누가 이러한 이야기를 했다느니 그 결과가 자기에게 떨어지게 되면 바로 자신이 그 결과에 대해서도 어쩔 수 없이 승복해야 한다. 그래서 실패해 본 경험이 있는 사람은 사람을 쉽게 믿지도 않게 된다.

예컨데 어떤 정보가 좋다든가 재테크 방법이 좋다든가 하는 말이 인터넷에 많이 올라와 있다. 그리고 그 정보를 가지고 이용하기도 한다. 결과가 맞든 틀리든 간에 그 책임은 바로 자기 자신에게 돌아온다는 것을 알아야 한다. 자기 외에 그 누구도 대신 책임져 주지 않는 것이다.

주위 사람들이 여러 가지 유익한 정보를 주고 길을 안내할 수도 있다. 그렇지만 그것은 참고자료일 뿐이고 자신이 결정을 내려야 하며 그 결정에 따른 결과 역시 자신이 져야 한다는 엄연한 사실이다.

누구를 탓할 수도 없고 원망할 수도 없다. 이것이 생존경쟁과 적자생존의 사회에서 가장 합당한 이야기이다. 그래서 다른 사람들이 좋든 틀리든 정보를 주면 무조건 따르지 말고 결과책임이라는 것을 직시하고 자신이 검토해 보고 최종 판단을 내려야 하는 것이다. 자기 인생 자기가 살아가는 것이며 남이 대신 살아주지도 않는 것이고 결과에 대해 대신 책임져 주지도 않는 것이 냉정한 현실이다.

또한 가치관으로 향상이라는 대원칙을 가지고 살아가고 있다. 어릴 적 학교 다닐 때 선행상이라는 상장이 있었다. 공부 실력이 향상되어 성적이 좋게 되면 그것을 칭찬하는 특별한 상이다.

삶의 모든 경험은 유익하게 사용되어야 한다. 그리고 이러한 경험을 가지고 모든 삶의 방식 부분에서 향상이 되어야 하는 것이다. 학교 다닐 때 공부실력이 향상되듯이 자신의 능력, 취미생활, 성숙도, 인품, 가정생활, 대인관계 등 거의 모든 면에서 예전의 모습보다 향상되어야 한다.

예를 들면 스포츠도 마찬가지이다. 등산로에서 체육시설에서 취미삼아 치는 배드민턴, 농구, 배구, 탁구, 야구, 축구 등 스포츠에서도 실력이 계속해서 향상되어야 하는 것이다.

국민적으로 인기가 높은 야구에서도 실력이 항상 그 자리에서 맴돌아서는 도태되기 마련이다. 그렇게 되면 야구 경기에서 패자가 된다. 그렇다고 지는 것을 탓할 수도 없다.

그렇게 되면 패인을 분석해 보아야 한다. 그런 상황에서 왜 졌는지 원인을 분석해 보고 타개책을 세워야 한다. 그러면 개인의 실력이라든가 게임 운영 방식이라든가 그 원인이 나오게 되고 실력을 향상해야 다음에는 똑같은 패배를 당하지 않는다.

일신우일신(日新又日新)이라는 말도 있다. 자신의 다양한 능력을 계발하고 발전시키며 결과적으로는 예전에 나보다 나은 향상된 나 자신을 만들어 나가야 한다.

그리고 어느 특정 분야에서만 향상되는 것이 아니라 자기 계발이 필요한 거의 모든 분야에서 능력이나 실력이 보는 눈이 현저히 향상되어야 하는 것이다.

이를 위해서는 끊임없이 연구하고 자신을 냉정히 검토하고 배워나가는 것이 필요하다. 배워나가는 것은 자기보다 나은 사람을 벤치마킹하는 것도 좋고 창의성을 발전시키는 것도 좋다.

아무튼 예전보다 나은 그리고 장래에도 계속 향상된 나 자신을 만들어 나가는 것이다. 가만히 예전이나 현재의 모습을 고집하고 원칙이나 주장을 하게 되면 급변하는 세태에 능동적으로 대처하지 못한다.

모든 분야에서 향상되는 노력이 필요한 것이다. 그리고 그 향상된 실력은 결국 이 사회에서 꼭 필요한 것이 되며 대인관계를 위해서도 자신에게 좋은 자산인 것이다.

그리고 대원칙 중의 하나가 조절이라는 것이다. 한약업계에 종사하면서 체험한 가치관인데 건강을 잃게 되는 것도 자신을 잘 조절하지 못해서라는 이유도 있기 때문이다.

조절한다는 것은 자기 페이스를 잘 유지한다는 것이다. 실패했을 때 너무 낙심하지 않고 자신을 조절하고 어려운 일이 닥치면 자기 자신을 슬기롭게 컨트롤 해나가는 것이 바로 조절이라는 것이다.

쉬운 이야기로 감정조절이라는 것이 있다. 지나치게 기쁘거나 슬프거나 하게 되면 한방에서 이야기 하는 7정이 상한다. 7정이 상하면 병원(病原)의 원인이 된다. 감정 조절을 잘 하면 건강한 삶을 유지할 수 있다. 자신을 잘 절제하는 것도 조절하는 능력일 것이다. 오버하지도 말고 소극적이지도 않고 조화와 균형을 이루어 나가는 것이 바로 감정 조절이라는 가치관이다.

어떤 것에 지나치게 빠져서 재산과 건강을 탕진하는 것이 아니고 술이나 도박에 빠져 인생을 잘못 사는 것도 아니고 자신을 슬기롭게 잘 조절해서 성공된 인생을 꽃피워야 하는 것이다.

어느 것에 지나치게 집착하거나 빠지는 자신을 경계하고 건전한 마음과 건강한 육체를 만들어 나가는 것도 이러한 조절을 잘 하는 능력에서 비롯된다.

마지막으로 독자들에게 소개하고 싶은 가치관으로 신용이 있다. 즉, 자신이 한 말에 대해서는 지켜야 한다는 것이다. 신용이 없어서는 사회가 움직이지 않는다.

어떤 사업을 하든 샐러리맨이든 자신이 한 말에 대해서는 지켜야 하는 것이다. 그리고 사업을 번창시키기 위해서는 꼭 필수적으로 지켜야 하는 것이 신용이다.

사업 분야에서만 국한되지 않는다. 가정생활에서든지 기타 여러 분야의 사회생활에서 신용을 지키지 못하고서는 성공할 수가 없다. 신용을 지킨다는 것은 기본적으로 거짓말을 하지 않고 다른 사람들에게 진실하다는 이야기이다.

한 사람이 신용을 안 지키면 그에 해당하는 다른 사람 한 사람에게만 피해가 가는 것은 아니다. 그 외에 여러 사람에게도 한꺼번에 피해가 속출하게 된다. 사업으로 성공을 하고 싶거든 또는 사회 여러 분야에서 성공하고 싶으면 신용을 지켜야 한다.

남녀노소 누구와의 약속이 됐든 타인과 약속한 것에 대해서는 책임지고 그 약속을 지키는 신용이 있는 사람이 되어야 하는 것이다. 약속을 어기는 사람과 누가 거래를 계속할 것이며 친구가 되겠는가?

젊은이들에게

인생에서 결코 포기하지 않는 자는 실패하지 않는 것이다. 끝까지 포기하지 않고 노력하는 것이 인생에서는 중요하다. 그리고 그에 대한 반대급부도 있겠지만 그 노력하는 것은 결과를 얻게 된다고 생각한다.

한번 실패했다고 그 목표를 이루는 것을 포기할 것이 아니라 시간을 두고 계속 노력을 하면 달성한다고 말하고 싶다. 처음에 아무리 높은 산도 자주 올라가다 보면 결국에는 정상에 오르게 된다.

목표를 달성하지 못했다고 해서 낙심하지 말고 계속해서 꾸준히 그 목표를 달성하기 위해 포기하지 말고 노력하는 자세가 시간이 지나 후회하지 않게 되는 삶의 자세이다.

이처럼 포기하지 않고 끊임없는 야무진 노력이 결국에 목표를 성취하게 하는 것이다. 일단 목표를 세웠으면 안 되면 될 때까지 노력해서 그 이루고자 하는 목표를 이루는 젊은이들이 되었으면 한다.

특히 젊은이들에게 당부하고 싶은 이야기로 쉬어가면서 하라고 당부하고 싶다. 서두르지 말고 서두르면 실패하기 마련이다. 늦게 가더라도 한걸음 한걸음 차분하게 하라는 것을 강조하고 싶다.

설령 주위에 자기가 천천히 걷고 있다면 앞장서서 뛰어가는 사람도 많이 있을 수가 있다. 자신만이 혼자 뒤쳐진 것 같고 불안한 심경에 이르기도 한다.

그러나 기나 긴 인생길을 볼 때 결코 뒤쳐진 것이 아니다. 앞서가는 사람도 천천히 걸어가야 하는 걸림돌에 봉착하게 된다. 그러므로 앞서 간다고 크게 부러워할 필요도 없다.

서둘러서 성급히 가다가는 산길에 피어있는 좋은 꽃을 모두 구경할 수가 없다. 이처럼 서둘러 가지 말고 대륙적 기질로 스스로 자신을 가다듬고 쉬어가면서 차분하게 인생길을 걸어가야 한다.

우정이냐 현실이냐

얼마 전 우리 사회의 주된 관심사가 더불어 사는 세상이었다. 마찬가지로 이 관심사는 친구 간에도 그대로 적용된다고 할 수가 있다. 친구 간에는 둘 중에 어느 한 사람이 잘 되면 좋은 관계가 유지될 수가 없다.

함께 성공해야 하는 것이다. 그리고 혼자 잘 될 수도 없다. 그리고 어떤 친구를 만나느냐에 삶의 스파크가 일어난다. 앞에서도 이야기하였듯이 친구를 잘 만나는 것도 삶을 변화시키고 성공하는 좋은 만남이 된다.

어떤 친구가 진짜 친구이냐를 알기는 어려운 처지에 자신이 처해 보아야 한다. 재력도 있고 능력도 있으면 많은 친구가 생기고 찾아오는 친구나 만나자고 약속하는 친구도 많기 마련이다.

그러나 살다가 태풍을 만나 어려운 처지에 처하게 되면 친구들은 떠나기 마련인 것이 속세의 현실이다. 그러므로 자신이 어려운 처지에 처하게 되었을 때 자신에게 도움을 주는 친구가 진짜 친구인 것이다.

어떤 사람은 사업을 하다가 부도가 나서 신용불량이라는 위기에 처한 사람이 있다. 결국 이 사람에게 친구들은 모두 떠난 것이다. 사업을 크게 할 때, 잘 나갈 때는 그리 찾아오며 술잔을 기울이던 친구가 많았는데 실패하게 되니 모든 친구가 떠난 것이다.

심지어 아는 친구에게 전화를 걸면 그 친구는 전화를 피하는 경우가 많고 만나주지도 않는 것이다. 하소연하기를 내 인생을 잘못 살았다고 말하는 것을 들었다.

그 많던 친구가 사업에 부도를 맞게 되어 신용불량자의 곤경에 처하게 되니 모두 떠나간 것이다. 잘 아는 친구마저 자신을 피하는 것이다.

'내가 지금까지 인생을 제대로 살았는가? 내가 어려울 때 절실히 필요할 때 만나주는 전화해주는 친구 한명 없다니 내 인생을 헛살았다.' 뒤늦게 깨달은 것이다.

자신이 어려울 때나 잘 될 때나 변치 않고 서로를 사랑으로 감싸주고 서로에게 최선을 다하는 것이 진짜친구라는 이야기이다. 그리고 자신이 어려울 때 단 한명의 친구라도 가까이 있다면 그것은 성공한 인생이라는 말도 회자된다.

그렇다면 그 많던 친구는 우정을 나누는 친구관계보다는 나를 이용해 다른 목적을 달성하려는 딴 마음을 가지고 있는 것이다. 여러 분은 자신이 어려움에 처하면 찾아오는 친구가 몇 명이나 될지 곰곰이 생각해 볼 일이다.

그러기 위해서는 자신이 먼저 어려운 처지에 있는 친구를 돕고 평생 우정을 지켜나가야 하는 것이다.

가족에게 못 다한 이야기

내 자신은 젊은 날의 욕구불만 때문에 자녀나 아내에게 잘 하지 못했다. 그리고 8남매의 맏이로서 동생들에게 마음적으로 부담을 지니고 살았다. 그렇다고 동생들이 살 수 있는 길을 열어주기 위해 최선을 다하지도 못했고 노력도 부족 했다.

가족에게는 못해 준 것이 많아 아무것도 해준 것이 없다는 생각이 들 때 마음이 괴롭다. 자녀들이 어릴 때 형제들 일봐주느라고 식사도 챙겨주지 못하고 집에 들어가 보면 이불도 안 덮고 자고 있기까지 했다.

한쪽이 만족하면 다른 쪽은 불만족하기 마련이다. 형제들에게는 최선을 다한다고 했지만 자식들에게는 미안한 것이 많다. 한참 챙겨주고 돌보면서 키워야 할 때 그렇지 못해 죄책감이 들기까지 하다.

내 사회생활만 치중하다 보니 아이들 교육이나 아빠의 사랑을 필요로 할 때 제대로 돌보지 못한 것이 지금은 못내 아쉽다. 특히 아이들의 성격이 형성될 때 돌보지 못한 것은 안타깝기까지 하다.

그리고 가정을 생각해 보면 나는 가정에 의무와 책임이 부족했다. 그 시절 그들을 위해 조금은 더 내 자신을 양보할 수 없었을까 하는 생각이 든다.

정말로 더 따뜻하고 애정을 보여주어야 하는데 항상 미안할 따름이다.

나의 개인적인 꿈과 목표만 추스르다 보니 가정이나 자녀들에게 미안하다.

그래도 자녀들이 착하고 성실하게 커줘서 고마울 따름이다.

여러 모임의 특성과 봉사의 서열

나는 다양한 모임에 나가며 사회활동을 하고 있다. 그리고 이러한 모임의 종류에 따라 그 모임에도 특성이 있다. 나의 경험상 크게 모임은 두 가지로 나눌 수가 있다. 첫 번째는 사업 동질적이고 같은 직업적 모임이다. 모임에는 문학인 모임, 경영인 모임, 정치가 모임 등이 있다. 두 번째는 봉사적인 모임이다. 내가 지금까지 해온 라이온스 20년의 생활과 향우회 20년의 생활은 봉사적인 모임의 대표적인 사례이다.

가령 국제문예 모임에 가면 이 자리에서는 돈과 자식자랑을 하면 바보취급을 받는다. 오직 글과 문장, 문화에 대해서만 말해야 한다. 그 회원은 학교 총장이고 교수, 사업가이지만 누구도 다른 말은 할 수가 없고 오직 그 작품과 문장에 관해서만 이야기해야 한다.

경영인 모임에서는 서로 간에 경영 마인드와 노하우를 교류한다.

또한 경영에서 창조적인 부분을 강조한다. 그러는 한편 정치인 모임에는 회원 간에 자기 이미지와 브랜드 등 상징적인 것을 강조한다. 약우회 모임에서는 모든 약의 현황과 경영 체험이어야만 통할 수가 있다. 모든 모임에 특색이 있고 생각이 같을 수는 없다. 지식 포럼에서도 경영과 사업, 미래 등에 관해서만 이야기한다.

이에 비해 봉사적 모임인 라이온스 생활에서는 이해타산적인 모임과 다른 특별한 것이 있다. 그래서 3년 내지 4년의 시간이 흐르면 자기 이해타산이 없는 사람은 라이온스를 떠나간다. 20년 이상이 되는 사람은 지속적으로 일과 봉사를 해 나간다. 라이온스가 초창기에는 일반적으로 여권이나 비자가 발급되지 않아 외국에 나가기 어려울 때 이 모임의 회원이 되면 가능했기 때문에 그 목적으로 가입하는 경우가 종종 있었다. 회원이 되면 여권이나 비자가 발급되어 외국으로 갈 수 있으므로 그 방법으로 회원에 가입하는 경우가 있었다. 안타까운 것은 라이온스 생활 20년을 지내며 갖은 봉사와 일을 해 온 나로서 느끼는 것인데 봉사정신이 과거에 비해 낮아졌다는 것이다.

그만큼 현재 시대가 살기가 각박해지고 어려워졌다는 이야기로 해석 되도 옳은 지 생각해 보아야 할 일이다.

또한 봉사적인 모임은 향우회 생활을 20년 이상하다 보니 자연히 향우회 조직에 대해서 체감하는 것이 있다. 그래서 조직은 항상 변화되어야 한다. 20년 이상 한 분들은 절대 고정관념을 가지고 있다. 명분과 고정관념이 크다. 절대로 묵은 가지에서는 과일이 맺지 않는다. 오래된 물은 썩기 마련이고 이무기는 용이 될 수 없다. 오래된 회원은 직책의 변화가 없고 타성에 젖어 있다.

예전에는 교통수단이 멀고 고향가기가 어려웠다. 그래서 고흥 향우들은 고향이 그립고 그 애틋한 정이 그리워 함께 하는 경우가 많았는데 지금은 과거처럼 고향의 정이 약해졌다. 그 이유 중의 하나가 고향에서 태어난 후배들이 없어지기 때문이고 방대했던 조직이 점차 약해지고 있는 현실이다.

그러나 이런 봉사에서도 순수한 봉사에서의 서열이 분명 있는 것이 봉사하지만 현실에 존재한다. 같은 봉사를 하지만 경제적이기 때문에 보이지 않는 서열과 질서가 있다.

찬조와 기부를 하더라도 봉사를 하더라도 가진 사람 1백만 원과 가지지 못한 사람 1십만 원이 똑같은 능력과 노력인데도 불구하고 기부의 서열이 느껴지기 때문이다. 순수한 봉사에서 이같은 금전 기부의 차이에 따라 서열이 있어서는 안 되고 사라져야 할 폐단이다.

또한 모임에도 상호적 공존 모임과 편파적인 모임이 있다. 서로 같은 업종에 종사하며 있는 사람은 서로 정보가 교환이 되고 윈윈이 되는 데 비해 같은 업종이 아닌 편파적인 모임과 같은 혼합적인 모임에는 이해타산적이고 편파적이어서 이해관계에 따라 끼리끼리 모이는 특성을 가지고 있다.

6부 | 만학의 교수

"유명한 오페라를 들었는데 심하게 졸음이 쏟아졌다. 그 오페라가 나에게는 자장가로 들렸던 모양이다. 이처럼 음악은 사람들에게 다양한 모습으로 다가온다. 살아있는 날까지 연구하며 자기를 계발하는 노력이 필요하다."

학생들을 위한 인성교육 181 /일반인들을 위한 교육 강의안 187
무형의 죄인 192 / 민주주의의 얼굴 195
자본주의의 얼굴과 창조경제 200

학생들을 위한 인성교육

그 동안 나는 고구려대학의 교수로서 많은 학생들에게 강의를 해왔다. 그리고 학생들의 생활상을 경험하였고 고민을 들어왔다. 그리고 이 책을 통해서 학생들에게 가르친다면 무엇을 가르쳐야 될 것인지 고민하고 있다. 결론적으로 나는 학생들에게 아니면 나의 아들, 딸들에게 무엇을 가르쳐야 할 것인지 생각해서 세 가지를 강의하고자 한다.

먼저 어르신을 공경하는 마음과 행동을 해야 한다는 것이다. 자녀가 세상에 태어나서 행복하든지 아니면 고생을 하든지 이 세상에 태어난 것은 자신의 부모가 있기 때문에 햇빛을 보게 된 것이다.

부모를 잘 만나는 것이 본인의 반팔자라는 말을 이 책에서 읽었을 것이다. 누구는 부모를 잘 만나서 훌륭한 교육을 받고 재산을 물려 받아 행복하게 사는 경우를 많이 봐왔을 것이다.

반면 누구누구는 부모를 잘 못 만나 고생 고생하면서 살아가는 이야기를 주위에서 쉽게 접할 수가 있고 들은 경우가 많을 것이다.

특히 우리가 사는 사회가 자본주의 사회인 만큼 경제적인 능력이나 금전을 소유하는 것이 중요하고 행복의 기준이 되는 것이 인정하고 싶지 않은 현실이다.

그러나 부모를 잘 만났든지 그렇지 못하든 세상에 태어난 것은 부모가 있기 때문에 가능한 것이다. 내 경험으로 불행이나 행복은 그리 큰 차이가 없다. 결국 인간의 마음먹기 나름이라는 것이다. 물질적으로 행복하더라도 가정에 불화가 있게 되거나 사회적인 건강이 제대로 갖추어지지 않는다면 그 행복은 살얼음 위를 걷는 것과 다름없다. 또한 물질적으로 갖추어져 있다고 마음이 평안하고 행복을 누리는 것은 아니다. 즉 부자는 부자대로 가난한 사람이 갖고 있지 않은 불편함을 가지고 살아가는 것이다.

가난하다고 해서 고생한다고 해서 꼭 불행하다고 할 수는 없다. 가난하게 되면 가정을 화목하게 하는 다른 행복한 요인이 있을 수 있는 것이다.

그리고 사람은 누구나 공평하게 기회를 갖고 살아가기 마련이다. 부자라고 해서 더 큰 기회를 많이 갖는 것도 아니거니와 가난하다고 해서 항상 평생 동안 가난하게 살라는 법은 세상 천지에 없다.

또한 가난과 부유함은 돌고 도는 인생사에서 역전되는 경우도 허다하다. 가난하면 더 부지런히 일하게 된다. 이것은 건강도 잘 유지하게 된다. 부유한 사람은 나태해 질 수도 있어서 건강관리를 소홀히 할 수도 있다. 아무래도 부자가 되면 편하게 사는 방법과 즐기는 방법을 찾게 되기 마련이다. 그렇게 되면 부자라도 건강을 잃게 되며 여러 가지 사회적인 가정적인 유혹에 빠지기 쉽다.

따라서 부모를 잘 만났든지 아니면 그렇지 못하든 우리는 자신을 낳아주고 길러준 부모를 공경해야 하는 것이다. 이것은 자녀의 가장 큰 지켜야할 가르침이다.

어느 부모가 자식을 올바르지 못한 길로 인도하겠으며 자식을 파멸의 구렁텅이로 인도하겠는가? 부모는 자녀를 위해 자신이 가지고 있는 모든 것을 다 쏟더라도 자녀를 위해 희생하며 봉사한다.

부모의 마음은 항상 자녀가 잘 되기를 바라고 나아가 행복하게 사는 것을 전적으로 희망하는 것이며 자녀를 위해 가난한 부모이든 부자 부모이든 한결같이 마음이나 육체적으로 올바른 길로 인도하며 자신을 희생하는 것이다.

그래서 논어에서 공자는 효라는 것은 어짐을 행하는 근본이라고 했다. 유교가 인(仁)의 학문이라면 그 가장 근본이 되는 요소가 효를 행하는 것이라고 강조하고 있는 것이다.

부모를 공경하는 것이 자신이 잘되는 특별한 비결이 될 것이며 자신을 지금의 모습으로 인도해 준 부모님의 한량없는 은혜에 보답하는 지름길인 것이다.

또 하나 학생들을 가르칠 것은 고생을 피하지 말라는 것이다. 좋은 환경에서 자라고 좋은 직장을 얻고 배우자를 만나 행복하게 사는 젊은이들도 많다. 반면에 육체적으로 몸을 쓰며 고생하면서 하루하루 힘들게 사는 젊은이들도 많다.

그러나 내 나이에 이르러 인생을 멀리서 보면 이같은 젊어서 행복한 것이나 고생하는 것이나 오십보백보 차이가 되는 것이다. 차라리 젊어서 고생을 하고 이것을 토대로 하여 뒷날 행복하게 사는 것이 도리어 나은 방법이다.

힘든 일이라고 결코 피해서는 안 된다. 힘든 일을 통해서 마음과 육체가 단련되어지고 마음이 훌륭하게 가꾸어지고 세상사는 방법과 수고를 깨닫게 되는 것이다.

그래서 편한 일만 찾으려 해서는 안 된다는 것이다. 젊어서 편하게 되면 그 분야의 일밖에 모르게 된다. 그러나 고생을 하게 되면 인생에 대해 고찰하게 되고 자신이 성숙하게 되는 것이다. 이것을 통해서 장래 인생을 풍요롭게 살게 되는 것이다.

세상일은 쉽게 이루어지지 않는다. 목표를 이루고자 한다면 집요하게 매달릴 수 있는 의지가 있어야 한다. 그 만큼의 보상을 받기 위해서는 기본적인 노력 외에 또 다른 노력을 기울여야 한다. 가만히 앉아서 미래를 기대해서는 안 된다. 꾸준히 노력하고 실천하는 젊은이에게는 영광스런 미래가 기다릴 것이다.

빨리 이루어지는 목표라면 별로 힘을 들이지 않아도 되지만 세상의 큰 일 중에 빠르고 쉽게 이루어지는 것은 없다. 서양 속담에 "로

마는 하루아침에 이루어지지 않는다."는 속담이 있다. 모든 것은 오랜 시간 인내하고 꾸준히 노력하며 실행에 옮긴 사람들의 몫으로 돌아간다. 쉽게 얻는 것은 쉽게 잃게 된다. 그 가치 또한 낮다. 조금만 더 노력하면 더 큰 것을 얻을 수 있는데 당장의 어려움과 고달픔으로 포기한다면 분명 후일에 후회하게 된다.

마지막으로 젊은 학생들에게 가르치고 싶은 것은 다양한 경험을 통해 배울 수 있는 기회가 있으면 가능한 한 모든 것을 배우라는 것을 주문하고 싶다. 인간은 성숙되지 못한 상태로 태어난다. 그래서 배움을 통해 성숙해지고 완전해 지는 것이다. 결국 인간은 이러한 완전함을 찾는 것이 행복이고 성공인 것이다.

이러한 완전함은 다양한 경험과 깨달음에서 비롯된다. 그러므로 젊은 시절에는 다양한 체험을 해서 자신을 돌아보고 고칠 것은 고치고 성숙시켜 나가는 것이 절대 필요충분조건인 것이다.

다양한 경험을 쌓지 못하면 자칫 아무리 지위나 명예, 금전이 있다고 하더라도 다른 사람과 어울리지를 못하고 우물 안 개구리가 되기 마련이다. 인생의 성공 요건은 다른 사람들과 잘 통하는 것도 중요한 것이다. 젊은 시절 우물 안 개구리가 되어 자신의 하는 일밖에 모르게 되면 다른 사람들과 통하지를 못한다. 다른 사람들이 무엇을 고민하고 의도하는지 이해를 하지 못하는 것이다.

이 같은 어려움을 이겨내기 위해서는 젊은 시절 다양한 경험을 해보고 이 경험을 통해 자신을 가꾸어나가는 즉 배워나가는 것이 바람직스런 일이다. 인간은 태어나서 죽을 때까지 배워야 하는 평생 교육을 해야 한다.

세상은 빨리 돌아가고 있고 변화하며 과거에 배웠던 지식이나 지혜를 바탕으로 살아나갈 수만은 없다. 날로 새로워지는 지식을 평생 배워야 적응을 하고 자신도 배움을 통해 변화해 나가야 살아 나갈 수가 있다.

특히 젊은 시절에는 배우기에 좋은 시기이다. 나이가 들어서는 쉽게 배우지 못하는 것도 젊은 시절에는 빨리 배울 수가 있다. 나이 들어서 잘못하면 그것은 인생의 치명타가 될 수가 있다. 그러나 젊어서 잘못한다거나 실수를 하는 것은 젊다는 것을 변명으로 삼을 수도 있다.

그래서 젊은 시절에는 실패나 패배를 두려워해서는 안 된다. 잘못하고 다시 고치고 패배하면 그 패인을 생각해서 다음에 용기를 내 도전하고 실패하면 다시 성공하기 위한 밑거름으로 생각해서 다음에는 그 길을 가지 않으면 된다.

즉, 젊은 시절에는 다양한 특권을 가지고 있는 셈이다. 젊은이들이여! 성공보다는 실패를 경험해 보라, 그리고 실패를 통해 배우고 다양한 경험을 통해 배울 수 있는 것은 나이가 어리기 때문에 쉽게 모든 것을 배워나가라.

일반인들을 위한 교육 강의안

일반인들에게 효과적으로 강의를 하려면 일반 수강생에 필요한 상식적인 강의를 해야 한다. 수강생 분야별로 필요한 분야가 있기 마련이며 배우려는 사람에게 상식적인 강의를 해야만 한다.

한번은 음악 강의를 들었는데 졸리고 지루하였다. 봉사가 판굿 본다는 말을 실감하였다. 옆에서는 오페라가 좋다고 하는데 나에게는 필요한 강의가 되지 못한 것이다.

그렇다면 이 책을 통해 일반 대중에게 강의를 한다면 어떤 강의를 할 것인지 고민이 되기까지 한다. 그러나 결론적으로 말하자면 일반인들에게 가르치는 것은 나에게는 과분한 것이고 다행히 이 책을 통해 이야기 하고 싶어 하는 것을 지면을 빌려 강하게 주장할 수 있는 것이 기쁨이다.

먼저 우리 후세를 위하고 거창할 필요까지는 없지만 우리 나라와 민족을 위해서 인재를 양성하자는 주장을 하고 싶다. 미국 사회는 창의적인 소수의 인재가 미국 사회를 이끌어 나간다는 말을 유학을 다녀온 지인에게 들은 바가 있다.

결국 우리 사회를 위해 인재를 양성하고 키워야 하는 것이다. 그리고 이러한 인재가 활동할 수 있는 여건과 환경을 마련해 주어야 한다. 우리 역사를 보면 이러한 인재 양성을 하는데 주력하지 못했고 인재를 양성했다고 할지라도 환경과 여건을 마련해 주지 못했다.

역사적인 사례를 통해서도 얼마든지 이러한 경우를 살펴볼 수가 있다. 인재가 크면 그 싹이 크기 전에 시기, 질투, 기득권 등 요소 때문에 잘라 내버리는 안타까운 이야기를 찾을 수가 있다.

나라와 민족의 동량이 될 인재를 찾고 이 인재가 나라와 민족을 위해서 중요한 역할을 하게 될 것을 이해하고 인재를 크게 육성해 나가야 한다. 그리고 이러한 인재가 자신의 능력을 효과적으로 펼칠 기회와 여건을 마련해 주어야 한다.

자신보다 낫다고 하고 자신의 이익에 부합되지 않는다고 그리고 남이 잘 되는 것을 보지 못한다고 인재가 될 싹을 잘라버려서는 안 된다. 이 인재를 통해 나라와 민족이 부강해지고 잘 살게 되는 것이다.

또 하나는 이웃과 따듯한 정을 나누는 것이다. 여기서 말하는 이웃의 개념은 크든 작든 간에 자신과 얼굴을 맞대는 사람들과 서로 어울려 사랑을 나누며 살자는 이야기이다.

그리고 이러한 사랑을 나누기 위해서는 이웃을 위해 자신의 마음을 활짝 열어야 한다. 마음이 닫힌 사람은 자신의 생각과 행동 밖에 생각하지 못한다. 마음이 열린 사람은 자신의 이익을 다른 사람과 공유할 줄을 안다.

우리 민족은 예부터 평화를 사랑하는 민족이거니와 이웃과 떡 한 조각이 있어도 나누어 먹는 인정이 많은 민족이다. 사람이 산다는 것은 과연 무엇인가? 자신만을 사랑한다면 그것은 결국 실패한 사람이 된다. 사람이 산다는 것 중에서 이웃과 정을 나누며 사랑을 나누며 서로 돕고 인정을 나누는 것 그리고 가정에서 화목하여 행복을 누리는 것보다 과연 큰 것이 있을까 고민해 본다.

좌우지간 가까이 사는 이웃과 평화스럽게 인정을 나누며 사는 것이 자신의 지금까지 살아온 삶에 대한 보람이자 기쁨이 될 것이다.

마지막으로 일반인들에게 하고 싶은 내 속내는 나눔을 실천하자는 이야기이다. 나눔을 실천한다는 것은 꼭 재물이 많아야 할 수 있는 것은 아니다. 자신이 가지고 있는 것은 유형의 것도 있고 무형의 기술도 있고 마음도 있다.

어느 나라가 선진화되었다는 것은 과연 무엇일까? 그것은 많은 사람들이 경제적으로나 마음적으로 잘 살고 행복한 것이다. 역사적으로 볼 때 가난한 사람은 어느 국가나 민족에게 있다. 가난은 그래서 인류가 출발한 이후로 그것을 모든 수단과 방법을 통해서도 없앨 수가 없는 것이다. 그리고 이러한 가난이 있기 때문에 수없이 많은 나라와 민족이 싸워왔고 지금도 싸우며 보이지 않는 경제전쟁까지 하고 있는 것이다.

어느 나라에나 가난이 없다면 전쟁은 그 나라에 일어나지 않았을 것이고 전쟁을 일으키지도 않았을 것이다. 이러한 것은 경제문제에서도 찾을 수가 있다. 경제 문제의 출발점은 대다수 학자가 인정하듯이 희소성에서 출발한다. 자원은 한계가 있고 그 자원을 소유하고자 하는 인간은 많고 그래서 희소한 자원을 어떻게 분배되며 분배할 것인가가 경제학의 출발점이라고 한다.

따라서 불행하게도 아무리 훌륭한 위인이라도 이러한 가난과 희소성의 문제를 해결할 수는 없다. 그래서 이러한 가난한 사람에게 그 나라가 선진화되기 위해서 보다 같이 잘 살기 위해 있는 사람들이 나눔을 실천해야 하는 도덕적인 의무랄까? 사회나 국가, 민족에 대한 의무가 발생하는 것이다.

다행히도 인간은 나눔을 통해서 나누는 사람은 물론 받는 사람도 풍요로워진다. 자신의 것을 꼭 쥐고만 있는 사람은 계속해서 풍요로울 수가 없다. 자신의 것을 나누어 주어야만 여러 사람이 풍요로워지고 자신도 풍요로워지는 것이다.

앞에서 말한 바와 같이 물질이 있다고 나눔을 실천하는 것은 아니다. 건강한 육체나 마음으로도 우리는 나눔을 얼마든지 실천할 수가 있다. 그리고 이러한 나눔은 굳이 어느 봉사단체를 통해서 할 수 있는 것만은 아니다.

가까운 주위에 우리의 나눔과 도움을 필요로 하는 사람은 얼마든지 있다. 이러한 한 사람의 자그마한 나눔의 행위로 인해 우리 사회는 풍요로워지고 나아가 선진국으로 진입할 수가 있다.

무형의 죄인

나이 60 이상을 살다보니 본의 아니게 죄인이 되는 경우가 있었다. 일반적으로 죄라고 하면 법에는 걸리지 않는 경우가 있는데 이와 같은 죄는 도덕적인 죄, 종교적인 죄, 주관적인 죄, 가정적인 죄 등이 이런 경우이다. 그리고 실정법상 죄를 짓는 경우가 있다.

실정법상 죄를 짓는 경우는 타인과 개인과 사회, 국가에 해를 끼치는 경우인데 그래서 개인적, 사회적, 국가적인 범죄가 나누어져 있는 것이다.

그렇지만 이러한 도덕적인 죄도 아니고 실정법상 죄를 짓지 않았는데도 내가 살다보니 죄인이 되는 경우가 있다. 그것이 세 가지 종류이다.

먼저는 가지지 못한 것, 금전이 없는 것 이것이 죄인이 된다는 것이다. 아무리 가지지 못한 것이 자신에게 현재 제약을 주고 불리하며 떳떳하더라도 주위에서는 죄인 취급하는 것이다. 못 사는 것도 죄인데 주위에서 죄인 취급하는 것 역시 가난은 부끄럽지 않다는 말도 있지만 죄인으로 살아야 한다.

또 모르는 것도 죄인이 되는 사회현실이다. 다른 말로 배울 기회가 있으면 다른 것을 추구하지 말고 과감하게 배워야 한다는 것이다. 학교에서 이루어지는 교육 외에 사회적으로도 끊임없이 배워야 한다는 것이다. 무식한 것, 모르는 것도 죄인이 되는 것이 현 세태이다.

마지막으로 건강치 못한 것도 죄인이다. 자신이 스스로 건강을 지키지 못해도 죄인이 되는 사회 현실이다. 그리고 건강이 유전적이든 환경적이든 건강을 잃는 것도 죄인이라는 것이다.

그렇다면 이러한 죄인이 되지 않으려면 어떻게 해야 할 것인가? 그것은 첫째 부지런히 노력하고 땀 흘려 금전을 지니고 있어야 한다. 나이가 들면 금전이 들어갈 곳이 자연히 생기게 되고 그러한 금전을 지출하지 않으면 없다고 해서 면죄부가 주어지는 것도 아니다. 노력해서 금전을 벌고 일해야 하는 것이다. 두 번째로 학교에서도 배우지만 끊임없이 자기 향상시키고 지식과 기술을 습득하고 연마해야 한다. 참고로 서양에는 이러한 격언이 있다. "겸손한 자가 많이 배울 수 있다."는 말이다. 자신을 과시하지 말고 자만하지 말고 어느 자리에 있건 시간이 있든 없든 나이가 적든 많든 계속해서 평생 동안 변화하는 지식과 학문을 연구하고 배워야 한다.

셋째로 자신의 건강은 자신이 지켜야 한다. 자신이 건강치 못하면 그 건강을 회복시키거나 유지하기 위해 다른 사람의 수고가 따르기 마련이다.

이처럼 세 가지를 지켜야 현대사회에서 무형의 죄인이 되지 않을 것이다.

이것은 특별히 죄와는 상관없는 것처럼 보일는지 몰라도 죄가 되며 죄인 취급을 받게 된다.

그 이유는 이러한 세 가지 없는 것, 모르는 것, 건강치 못한 것 등은 자신이 아무리 당당하게 살았더라도 본의 아니게 다른 사람에게 피해를 주기 때문에 죄인이 되는 것이라고 볼 수 있다.

그래서 부지런히 일하는 것, 평생 배우는 것, 건강을 본인 스스로 지키는 것이 다른 사람에게 피해를 주지 않는 것이다.

민주주의의 얼굴

대한민국의 가장 큰 틀은 자유민주주의이다. 이것은 헌법으로 제도화되어 지켜야 할 유산이다. 과거 서양의 역사나 미국의 역사를 보면 이 같은 민주주의를 위해 얼마나 피와 땀을 흘려 얻어낸 결과인지 모른다.

또한 민주주의라는 요소는 과거 신분제 사회를 극복하려는 시민들의 열망 속에서 지지되었고 얻어낸 제도이다. 따라서 민주주의라 하면 그것을 지탱하는 가장 큰 요소가 자유, 평등, 박애, 인간의 존엄과 가치라고 할 수가 있다. 따지고 보면 이 같은 민주주의도 신분제를 극복하는 과정에서 얻어진 산물이기 때문에 어느 면에서 보면 신분제적인 냄새가 나는 제도이다.

이같이 헌법에 의해 지지되는 민주주의가 과연 제대로 현재 우리 사회에 유지되고 있는가 의구심이 자연스럽게 든다. 자유라면 절대적인 것과 상대적인 것이 있지만 과연 우리는 자유를 누리며 살고 있는가 생각해 볼 필요가 있다. 주종관계인 신분제의 사슬을 끊기 위해 주창하고 몸부림치며 싸워서 얻었던 자유가 과연 지금 우리 시대에 모든 인간이 자유를 공평하게 누리는 가는 곰곰 생각해 보지 않을 수 없다.

이처럼 우리는 사회적인 구속에서 살아가기 마련이고 법과 제도, 사회 환경 등에 의해 자유를 누리며 살지 못하고 있는 것이 현실이다. 그렇지만 일반적으로 자유가 있기 때문에 우리는 그러한 자유의 소중함을 미처 깨닫지 못하고 살아가고 있는지도 모른다.

하지만 우리 주위에는 환경 속에서 얼마나 많은 구속 속에서 살아가고 있는가? 민주주의의 가장 큰 이념인 자유가 과연 우리 현실 속에서 제대로 표출할 수 있는지 생각해 보아야 한다.

평등 문제도 그렇다. 모든 인간이 평등하다고는 하지만 우리 주위에는 여전히 불평등하다. 민주주의의 가장 큰 요소인 자유와 평등도 태어나면서부터 신분 속에서 살고 자유와 평등이 없었던 노예제도의 산물인 것이다. 그리고 조심스럽게 현대적인 의미의 자유와 평등에 대해서 과감하게 짚고 넘어가야 할 문제이다.

노예제도가 없어지면서 자유와 평등을 쟁취해 지금 우리가 자유와 평등을 누리고 있다고는 하지만 여전히 우리 사회에는 자유가 없고 평등하지 못한 요소가 많다.

평등에도 절대적인 평등과 상대적인 평등이 있겠지만 모든 사람이 평등하다는 이념은 정의로 표현되겠지만 여전히 사회는 차별과 불평등의 요소가 남아 있다.

사회 인식에 있어서도 사람들은 서로를 평등하게 보지도 않고 대우하지도 않는다. 하물며 공기관에서도 모든 국민을 평등하게 대우하지도 않는 것이 엄연한 현실이다.

벌써 사람과 사람 사이에는 보이지 않는 그 사람의 지위, 금전, 지식, 직업 등에 따라서 불평등의 요소가 있으며 서로가 평등해지는 것, 평등하게 대우 받는 것조차 꺼린다. 가장 흔히 볼 수 있는 불평등은 금전의 소유로 인한 불평등이다.

이처럼 자유와 평등은 자유민주주의 체제의 시장질서인 자본주의 제도와 맞물려 있기 때문에 현실적으로 그것이 지탱되기에는 어려운 가치인 것이다. 그렇지만 공기관이나 권력기관은 모든 국민을 평등하게 대우해야 하는 것이 마땅하다고 본다.

그렇다고 땀의 가치를 무시한 채 그리고 노력해서 얻은 사람과 그렇지 못한 사람을 모두 평등하게 대우해야 된다는 것은 아니다. 적어도 인간의 권리에 있어서만큼은 평등하게 대우해야 하고 권력기관에서는 국민을 평등하게 대우해야 할 것이다.

또한 우리 사회에 얼마나 차별이 많고 또 국민과 국민 사이에 허물기 힘든 벽이 있고 그러한 차별로 인해 얼마나 많은 인권이 침해되고 있는가?

헌법상의 가장 큰 가치인 인간의 존엄과 가치를 보아도 그렇다. 모든 인간은 존엄하고 인간으로서의 가치를 가진다고 명시하고 있지만 현재 사회적 계급으로 인해 얼마나 많은 인간의 존엄이 침해

당하고 있는지 심각하게 고려해 보아야 할 것이다.

국민과 국민 간에 나라와 나라 간에도 모든 인간은 인간으로서 존엄하고 가치를 지닌다는 정신에 입각하여 정치를 하고 경제를 건설한다면 더할 나위 없이 평화가 지속될 것이고 살기 좋은 지구촌이 만들어질 것이다. 그렇지만 대한민국만 보아도 모든 인간이 존엄하다고는 말하지만 현실에서는 그렇지 못하다.

모든 인간이 귀중하고 생명이 소중하며 가치가 있다는 헌법상의 전제는 민주주의를 지지하고 이끌어가는 요소이지만 현재 우리 사회에서는 현실적으로 그것이 지켜지지 않고 있다.

민주주의라고 하면서 자유와 평등, 인간의 존엄과 가치를 표방하고 제도적으로 지향하고 있는 가치이지만 그것이 현실에서 제대로 이루어지기까지는 아직 갈 길이 먼 것이다.

신분사회를 극복하기 위해 외쳤던 자유의 개념이 민주주의를 대표하고 있지만 현대에 신분사회가 거의 극복된 이상에서는 자유에 대해 무엇인가 진정 민주주의를 표방할 수 있는 새로운 개념으로 재정립될 필요가 있다.

평등도 그렇다. 살다보면 우리는 평등하다는 것보다 불평등하다는 것을 현실에서 느낄 수가 있다.

가진 자와 못 가진 자, 배운 자와 못 배운 자, 힘이 있는 자와 없는 자, 배경이 있는 자와 없는 자, 권력이 있는 자와 권력이 없는 자, 지위에 있는 자와 지위에 없는 자 등등 우리 사회에서는 현실적으로 불평등하다.

따라서 신분사회의 극복을 위한 평등의 개념 역시 현대 민주주의 앞에서 어떠한 다른 새로운 개념의 재정립이 절실히 필요하고 요청된다.

그렇지만 인간의 존엄과 가치는 인류가 지켜야 할 가장 큰 민주주의의 얼굴이라고 생각한다. 모든 인간은 존엄하며 인간으로서의 가치를 지닌다. 하지만 이 같은 민주주의의 얼굴도 현실 속에서 과연 지켜지고 있는가 의구심이 들지 않을 수가 없다.

민주주의에 대해서 다시 한 번 생각해 보아야 한다. 민주주의라는 개념 자체도 신분제적인 색채를 띠고 있기 때문이다. 21세기에 들어서 이제는 민주주의에 자유, 평등, 인간의 존엄과 가치에 대해서 이에 대한 보완할 수 있는 새로운 가치 이념의 등장이 절실히 필요하다고 하겠다.

자본주의의 얼굴과 창조경제

우리 나라는 민주주의가 그 방향과 가치이며 시장질서로 세계 여러 나라가 그렇듯이 자본주의 제도에 사회주의적 요소를 가미하고 있다. 과거 유럽에서 혁명을 통해 신분제가 무너지고 민주주의가 이루어지면서 신분이 폐지되었다. 그러나 지금 자본주의 시대를 살아가면서 역시 눈에 보이건 그렇지 않건 신분역할을 하는 것이 분명이 존재한다. 그것은 금전권력이라는 것이다.

금전의 유무에 따라 자유와 평등이 보장되며 신분이 나눠지는 금전이 최고인 그리고 부정하려 해도 받아들일 수밖에 없는 시대에 도래하고 있다.

우리 나라는 유교전통 속에서 사람과 사람 사이의 인정이 넘치고 이웃 간에 나누는 시대를 살아왔고 이러한 전통은 대한민국에서 이어나가야 할 가치이다. 그렇지만 이러한 인정이 차츰 그 가치를 잃고 있다.

그 이유는 금전으로 인간이 평가되고 조직이 평가되는 시대에 살고 있기 때문이다. 황금만능주의나 배금주의가 자본주의의 폐단으로 지적된 지 오래지만 그러한 폐단은 사라지지 않고 오히려 국제 환경 속에서 금전이 최고라는 것이 사람들에게 더욱 광범위하게 인식되고 짙어가고 있다.

아무리 마음이 따뜻하더라도 금전이 없으면 요즘 사회에서는 훌륭한 사람으로 평가받지 못한다. 또한 선악이라는 것도 금전 유무에 따라 금전이 있으면 선하고 없으면 나쁘다는 인식이 널리 퍼져 있다.

황금만능주의가 자본주의의 폐단이라고 오래 전에 지적되었지만 오히려 이런 자본의 중요성은 최고의 가치라고 표현할 수 있을 만큼 사람과 사람의 신분을 나누고 불평등을 가져오는 시대에 우리는 살고 있는 것이다.

그렇다면 가지지 못한 사람을 어떻게 볼 것인가? 또한 그들도 노력하고 있지만 어려운 현실 속에서 당연히 없는 사람이 생겨나기 마련이다. 왜냐하면 금전은 한정되어 있지만 누군가 금전을 많이 가져가면 다른 사람은 자신의 것을 잃고 부족하게 되는 것이다.

그래서 자본주의 하에서는 가난한 사람과 부자가 필연적으로 발생할 수밖에 없는 것이다.

만약에 정부나 부유한 사람들이 이러한 없는 사람을 간과해 버린다면 어떻게 될 것인가 고민하지 않을 수가 없다.

그리고 현 정부에서는 이같이 대한민국을 잘 살고 부강한 나라로 만들기 위해 기본적인 정책으로 창조경제를 내세우고 있다. 창조경제는 정부의 대표적 정책이다. 그 뜻을 면밀히 살펴보면 경제성장과 일자리 창출을 목표로 경제 전반의 과제를 포괄하는 것이며, 과학기술 혁신, 규제개혁과 융합촉진을 통한 산업 선진화를 말하며 기술 추격형 경제를 선도형 경제로 바꾸고 또한 창조경제란 융합을 통해 기존에 없던 시장을 만들어 부가가치를 획기적으로 높이는 것 외에 제조업 등 기존 산업과 IT과학기술이 융합돼 일자리 창출과 성장으로 연결되는 경제로 추격형 경제를 선도형 경제로 바꾸는 것이라고 한다.

또한 창의성을 핵심가치로 두고 과학기술과 ICT융합을 통해 새로운 부가가치를 창출하는 경제가 바로 창조경제의 의미이다.

결론적으로 말하면 창조경제는 앞에서 우리 나라의 교육내용 중에 창조교육으로 바꾸어 나가야 한다고 주장한 것처럼 창의성이 중요하다는 것이다. 모방만 해가지고서는 세계경제 경쟁에서 살아남기 어렵다.

현대 사회는 창의적인 인재를 만들어 나가야 하고 경제도 역시 모방도 필요하겠지만 이제는 세계 경제를 우선적으로 창조해 나가고 여러 면에서 창의가 필요한 시점이다.

7부 | 미래를 향하여

"현재에 충실하지 않고는 미래를 아름답게 꿈꿀 수 없다. 생각해 보면 미래는 현재에 대한 결과물이라고 할 수가 있다. 또 그 미래의 행동은 더 먼 미래를 만든다. 인간의 영혼은 과연 영원히 존재하는 것일까? 아니면 죽음으로 영원히 잠이 드는 존재인가?"

행복의 비전 205 / 한국의 나아가야 할 방향 207
내 고향 고흥의 꿈과 미래 211 / 지방특성행정 213
행복한 미래 216 / 한반도의 역할 219

행복의 비전

인생은 60부터라는 말이 있다. 미래의 사회는 생명의 연장으로 고령화 사회가 될 것으로 예측하고 있다. 특히 의료기술의 발달로 병에 대한 치료법이 다양화되고 개발되어 많은 병에 대한 예방이나 치료가 가능해질 것으로 전망되고 있다.

그렇다면 앞으로 내 인생도 가야할 길이 많이 남아 있는 셈이다. 그렇지만 노년의 삶이란 새로운 것을 시작하기에는 어렵고 과거의 행동이나 삶에 대한 결과와 책임을 안고 사는 것은 거의 필연적이다.

60을 넘게 살면서 내가 느끼는 감정은 인생은 짧다는 생각이다. 어릴 적 동네 친구들과 놀던 기억이 엊그제 같은데 벌써 머리에 하얗게 눈이 내리는 것을 보면 인생은 그리 길지 않다는 소회를 감출 수가 없다.

그렇지만 용기와 힘을 내어 나의 앞으로의 삶에 대해 준비하며 살아가야 한다. 더 이상 나에게 거창한 포부나 비전이 엄두가 나지 않으며 가까운 데서부터 내가 해온 일과 내가 벌려놓은 일에 대해 책임을 지고 내 자신이 언제까지 수명이 있을지 모르겠지만 최선을 다해 가로로 세로로 훌륭한 옷감을 짜내어야 한다.

우선 내가 직업으로 삼은 한약업에서 앞으로의 사회변화에 맞추어 한방의 미래를 설계해야겠다. 한방분야에서 건강에 대한 그 예방과 치료책을 계속 연구해야겠으며 날로 변하는 사회와 환경에 발맞추어 이에 걸맞게 한방도 변화를 추구하며 그 기본은 변하지 않는 범위에서 한방의 환경을 개선하고 결코 양방에 뒤지지 않는 한방이 되게 하는 것이 나의 앞으로의 포부이다. 또한 나는 살아오면서 많은 사람들의 도움을 받았다. 그래서 앞으로는 지금의 나의 뿌리가 되고 토대와 정서를 가꾸어 온 고향을 더 살기좋은 고장을 만들기 위해 봉사해야겠다.

나아가 나에게 주어진 봉사활동이나 나눔을 실천하면서 우리 사회를 한 단계 발전시키며 선진화될 수 있도록 희생, 봉사해야겠다.

한국의 나아가야 할 방향

한국의 미래를 성공적으로 설계하기 위해서는 지금까지의 관행에서 벗어나 변화된 방향으로 나가야 한다. 세계적인 변화나 단일화되고 있는 세계에서 현재에 머무르게 되면 생존경쟁에서 뒤지게 된다.

현대 세계는 생존경쟁의 장이다. 이러한 생존경쟁에서 이기지 못하면 그 사람이나 국가나 사회는 망하고 만다. 특히 동물의 세계가 그렇지만 세상을 이야기하자면 적자생존의 세계이다.

그 환경이나 여건에 가장 적합하게 행동하고 살아가는 사람만이 살아남을 수가 있다. 그렇기 위해서는 환경변화에 민감해야 하고 그에 맞추어 자신도 변해야만 살아나갈 수가 있다.

거시적으로 보면 한국도 마찬가지이다. 세계의 변화나 문명의 흐름, 변화에 가장 적합하게 힘을 모아 대처해야만 미래를 설계할 수가 있다. 결코 현실에 안주해서는 안 된다.

세계의 모든 나라가 이러한 적자생존, 생존경쟁에서 살아남기 위해서 보이지 않는 전쟁을 하고 있는 것이다. 과거에는 전쟁이라면 무기와 군대의 싸움이었지만 지금은 보이지 않는 전쟁을 하고 있다 해도 과언이 아니다.

상품전쟁, 무역전쟁, 환경전쟁, 자원전쟁 등 세계의 어느 민족이나 나라도 변화하는 지구촌에서 살아남기 위해서 최선을 다하여 서로 경쟁하며 어느 나라는 손해를 보고 어느 나라는 이득을 보고 지도자가 바뀌기도 하며 내란이 일어나기도 하고 소란이 일어나기도 한다. 이 모든 것이 그 민족이 정글 같은 현실에서 살아남기 위한 철저한 생존 투쟁인 것이다.

그러므로 한국도 살아남기 위해서 개인 개인 모두가 최선을 다해야 한다. 지도자는 항상 솔선수범해야 하고 민심을 잘 헤아려야 한다. 민심은 천심이라고 했다. 지도자의 명분이나 이익을 위해서가 아니라 국민을 섬기는 자세로 국민을 위해 희생 봉사해야 하는 것이다.

이런 일화가 있다.

"어느 나라에 왕자가 있었다. 그는 일반 백성이 사는 것을 알아보기 위해 궁전과 성을 나와서 백성과 한 달 동안 같이 살았다. 그리고 그가 궁전으로 들어가야 할 때가 온 것이다. 그는 백성들에게 솔직히 그의 신분을 밝혔다. 그리고 한 달 동안 같이 산 백성들에게 무슨 선물을 해주면 좋겠냐고 물었다. 백성들은 왕자에게 선물이

특별한 것이 아니고 왕자가 일반 백성과 똑같이 산 것이 선물이라고 말했다."

과거 인류 역사를 보면 지도자나 정부, 왕조로부터 민심이 떠나게 되어 등을 돌리게 되면 필연 망하는 것을 숱하게 보아 왔다. 민심이 떠난 정부는 결국 망하게 되는 것이다.

이같은 사실을 지도자나 정부는 머릿속에 각인해야 한다. 또한 어느 나라나 신뢰하지 못하고 상호간에 믿음이 없으면 모든 국가나 사회는 어려워진다.

이 일화에서처럼 지도자도 국민과 더불어 살아나가야 한다. 어떤 권력이라는 것 때문에 특권의식을 가져서는 안 된다. 국민의식이 성숙한 지금 권력이라는 자리를 지도자라는 생각으로 지배하려 하고 군림하려고 해서는 안 될 것이다.

또한 지도자나 국민이 한마음, 한뜻으로 단결해야 한다. 우리는 항상 백의민족과 일본을 상호 비교한다. 그래서 자주 하는 이야기지만 우리는 머리는 우수하고 개인적으로 뛰어난데 잘 단결하지 못하는 약점이 있는 반면 일본은 잘 단결한다는 이야기를 듣게 된다. 일본은 한번 단결하면 지도자부터 일개 장삼이사까지 한뜻이 되어 국가와 민족을 위해 자신을 희생한다고 한다.

한국과 한민족은 이 같은 우리 민족의 특장을 잘 살려야 한다. 그리고 지도자로부터 국민 개개인 하나가 단결해야 한다. 발전이나 진보를 위한 파벌이나 분쟁은 이해할 수 있으나 자신의 명분과 이기심으로 파벌을 가르고 분열하는 것은 옳지 못하다.

그래서 이제는 이데올로기로 인해 서로 간에 분쟁이 일어나는 것도 그쳐야 한다. 최종 목표는 대한민국이 선진국이 되어 국민이 잘 살고 부강한 나라이며 한 걸음 더 나간다면 한민족이 함께 잘 사는 나라이다. 이것이 목표이다. 그리고 이것을 위해 여러 가지 방법이 시도되어야 할 뿐이다. 목표가 바뀌어서는 안 된다. 모두가 잘 사는 원칙에 이러한 목표를 이루기 위해 어떤 절차나 제도, 사고가 필요할 뿐이다. 이러한 목표와 방법이 바뀌어서는 안 된다.

세계적인 경제위기인 지금 파벌로 인해 국론이 분열되어서는 안 된다. 안정된 세계 속에서는 그 세계질서가 바뀌지도 않고 바꾸기도 힘들다. 그러나 지금 세계는 미국의 경제위기부터 유럽의 경제위기까지 어려운 직면에 도달해 있다.

이러한 때 한국과 한민족이 국민통합을 하여 한마음, 한뜻으로 힘과 지혜를 결집시킨다면 우리 후손에 물려줄 아름다운 대한민국, 한민족 그리고 살기 좋은 나라를 만들 수가 있을 것이다.

내 고향 고흥의 꿈과 미래

누구나 고향에 대한 아름다운 추억을 가지고 있을 것이다. 내 고향 고흥은 어릴 때 도둑이 없었다. 그리고 길가에 쌀가마가 떨어져 있어도 주인이 없는 물건에 대해 어느 누구 하나 가져가지 않았다.

이처럼 인심이 좋은 곳이 내 고향 고흥인 것이다.

고향은 어머니 품과 같은 것이다. 나에게 정서적인 안식처이기도 하다. 도시의 삭막한 빌딩숲 속에서 살다가 문득 다정한 어머니의 손길이 그리워질 때가 있다. 그러면 가만히 고향을 떠올려 본다. 그러면 나의 마음은 평안해지기까지 한다.

여성은 약하다. 그러나 모성은 강하다는 말이 있다. 여성이 자녀를 키우면서 강해지고 시련을 이겨내는 것이다. 남자 역시 약한 존재이다. 여자가 바람에 날리는 갈대처럼 마음이 변하는 약한 존재라지만 남자 또한 강하지 못하다. 결국 인간은 약한 존재인 것이며 신앙을 찾는 것이다.

아무리 사회적으로 성공한 남자라도 누군가의 사랑을 받고 싶을 때가 있다. 가정에서는 가장으로 가족을 뒷바라지 하고 사회에서는 또 다른 사람들을 위해 희생하고 봉사하면서 살아간다. 그렇다면 남자는 어디에 자기의 어려움을 토로하고 하소연할 것인가 안타까운 것이다.

가정에서는 자녀들이 성장하여 아버지를 몰라라 하고 관심과 사랑을 못받는 것 같으며 사회에서는 돈 벌기 위해 노력해야 하는 것이 남자의 일생이다. 남자도 사랑을 받고 싶으며 진심으로 자신의 속내를 털어놓을 그 누군가가 필요하다. 과거 어머니가 그랬다. 어머니는 멀리 자식이 돌아오면 지친 자식의 마음을 안아주고 어루만져 주었다.

젊은 날 고향을 생각할 때 내 마음은 위로를 받고 살아갈 희망과 용기를 갖게 된다. 내 고향 고흥이 그렇다. 서울 생활이 힘들다가도 고향에 내려가서 고향 사람들을 만나 정겨운 이야기를 나누다 보면 어느새 서울생활과 인생의 시름을 덜어놓을 수가 있다.

내 고향 고흥은 이처럼 나의 인생에서 귀중한 역할을 하는 것이며 내 삶의 사랑의 배터리 역할을 하는 것이다. 그래서 나의 남은 인생을 내 고향 탯자리에 보답을 할 것이다.

고향이나 내 고향 사람들은 물론 사람들에게 좋은 모습을 보여주고 싶다. 고향을 위해 일하고 싶다.

지방특성행정

지방에 가장 맞는 행정은 바로 그 지방의 특성에 맞게 살림을 이끌어 나가야 한다. 지방의 특성이라는 것은 여러 가지 면에서 볼 수가 있다. 우선 지역적인 특성이 있고 인적, 물적, 지리적, 역사적, 자연적, 환경적, 전통적이고 풍습적인 면도 그 지방의 고유한 특성이라고 할 수가 있다.

따라서 지방에 관해 다양한 역사와 전통, 지리, 환경을 고려해서 행정을 펼쳐 나가야 할 것이다. 또한 그 지방의 사람들과 물적 환경도 고려해야 한다.

한마디로 지방특성행정이란 그 지방마다의 고유한 특성에 맞게 행정을 해 나가는 것이다.

그 실례를 든다면 지방마다 고유한 축제가 있고 그러한 축제는 그 지방의 고유한 특성을 잘 살리는 것이다.

또한 그 지방의 인심과 종교도 중요한 특성이 될 수가 있다. 무엇보다도 가장 특성을 잘 살펴볼 수가 있는 것은 역사와 전통일 것이다. 지방의 행정적인 역사와 풍습적인 전통을 보고 지리적인 특성과 토양 등을 고려한다면 지방에 대해서 잘 알 수가 있다.

한편 지방특성행정을 해나가기 위해서 필요한 것은 재원확보이다. 그렇기 위해 지방자치단체는 재원을 마련해야 하고 그 지방민들이 경제적으로 수익이 되는 수익사업에도 관심을 가지고 육성 해나가야 한다.

이러한 수익사업을 바탕으로 지방자치단체와 주민간의 협의와 소통을 통해 지방이 발전해 나갈 수 있다.

또한 가장 큰 문제가 될 수 있는 부분은 지방자치단체에서 부정부패를 저지르는 경우이다. 지방민들을 위해서 깨끗하고 공정하며 투명한 행정을 펼쳐야 할 것이다. 또한 균형을 이루며 서로간의 이익을 조정해 나가는 행정을 펼쳐 나가야 한다.

하늘을 무리지어 날아다니는 기러기를 보면 거기에는 엄연한 질서가 있고 그 나름대로의 행동 양식이 있다.

먼저 기러기는 구만리를 날아가는데 그 대열을 이루며 정해진 목표를 향해 가는 투철한 방향 감각과 목표의식이 있다. 또한 놀라운 행동 통일성이 있다. 기러기는 독수리처럼 혼자 날지도 않고 참새처럼 흩어지지도 않는다. 같이 살고 같이 행동한다. 그 외에 기러기는 일정한 규율과 질서 의식이 있다. 앞의 새를 질서 있게 뒤의 새가 따라가는 것이다. 넷째로 기러기는 서로 간에 신의의 미덕이 있다. 서로 굳게 믿고 있기 때문에 행동 통일이 잘 되고 규율을 지키고 단결력이 강하다.

이러한 기러기의 특징이 국가에도 필요하겠지만 지방행정에도 절실히 요구되고 필요하다. 지방자치단체와 지방민이 이같이 기러기의 특성을 잘 살린다면 틀림없이 효과적이고 살기 좋은 지역이 될 수 있다.

행복한 미래

인간이 창조되었던 원숭이로부터 진화했던지 가장 큰 인류의 시발점이 된 것은 문명의 창조이다. 인류의 뿌리가 이 문명으로부터 출발하는 것이다. 이러한 문명의 큰 흐름으로 4대문명이 역사 속에는 존재한다.

이집트 문명, 황하문명, 인더스문명, 메소포타미아문명이 그것이다. 이 4대 문명을 기초로 하여 인류는 진보해 왔고 발전해 왔다. 그러면서 인류는 국가와 민족을 이루었고 살아남기 위해서 전쟁과 평화를 반복해 왔다. 인류의 물줄기가 동양에서 출발했다면 그 물줄기를 이어 받아 기술문명을 놀랍게 발전시킨 것은 서구문명일 것이다.

서구문명으로 인해 지금 현재 세계는 건설되었다고 하면 과언이 될까? 물론 서구문명이란 물질문명을 발전시키는데 이바지했고 이러한 물질문명을 통해서 세계는 진보와 퇴보를 거듭하고 있는 것이다.

그렇다면 지금 세계의 문명을 되새겨 볼 필요성이 있다. 어떻게 보면 그것은 물질문명의 한계점에 봉착해 있는 것이다. 물질문명의 발달로 서구 열강들은 자신들의 나라와 민족을 융성시키고 번영을 구가해왔다.

그러나 지금은 이러한 서구의 물질문명의 발달이 내재하는 모순에 직면하고 있다. 우리가 사는 사회인 자본주의라는 질서도 서구에서 출발하는 시스템이다. 결국은 서구의 물질문명이 문제점을 드러내고 있으며 자본주의 또한 변화를 예고하고 있다.

세계 문명은 물질문명만으로 존재해 진보해 나갈 수가 없다. 물질문명과 정신문명이 조화를 이루어 더 나은 세계로 진입할 수가 있다. 그래서 서구에서는 동양의 정신문명에 많은 관심과 연구를 하고 있다.

과연 물질적으로 풍요로운 것이 행복한 것인가 아니면 정신적으로 풍요로운 것이 행복한 것인지는 아무리 연구하고 경험해 보아도 쉽게 해답이 나지 않는 화두임에 틀림없다.

그렇지만 이제 물질문명이 한계에 봉착하고 정신문명의 중요성이 세계의 문명사적인 큰 흐름이다. 동양에는 문명이 시작되었고 지금까지 세계를 진보시키고 변화시킬 정신문명이 내재하고 있다.

그리고 이러한 동양의 정신문명에 관심을 기울이고 발전시켜 나가야 한다. 미래는 틀림없이 정신문명이 가장 큰 세계의 문명 흐름이 될 것이다. 따라서 우리는 이에 대해 준비하고 우리가 가진 훌륭한 정신문명을 지키고 발전시켜야 한다.

자본주의 역시 마찬가지이다. 지금까지 가장 좋은 사회시스템이 어떤 것인지는 밝혀지지 않았고 어쩌면 밝힐 수도 없는 수수께끼일지도 모른다. 그러나 가장 확실한 것은 자본주의 역시세계사의 흐름에 영구적이지 않다는 사실이다. 자본주의 역시 빈부격차, 황금만능주의 등 많은 모순을 가지고 있다.

결국 언제일지는 모르지만 자본주의 사회 역시 어느 사회로 진입하게 되는 과도기적인 사회일지도 모른다.

산업사회 이후 지금을 정보사회라고 한다. 그리고 그 다음은 어떤 사회가 될지 어느 누구도 확답할 수가 없다. 그렇다면 이같은 자본주의 사회나 정보사회의 미래 변화에 대해 대처할 수 있는 방안은 없는 것인가 의문이 생기기 마련이다.

그 방안에 대해 내 좁은 소견으로는 처방을 내리기가 쉽지 않다. 단지 사견으로는 앞에서 이야기했듯이 인재를 육성하는 것이 가장 나은 방법이다. 왜냐하면 이처럼 문명을 일으킨 것도 인간이었고 사회의 변화를 주도하는 것도 인간이라는 것이다.

지금 사는 국가와 사회에서 최선을 다해 하루하루 살아가고 미래를 위해 인재를 양성해 그 인재들이 미래를 대처해 나가면서 국력을 신장시키고 융성한 국가와 민족을 이룩하도록 해야 하는 것이다.

따라서 인재를 양성하는 것은 우리 모두의 장래를 위한 국가와 민족을 위한 신성한 의무라고 해도 과언이 아닐 것이다.

한반도의 역할

우리 역사를 보면 끊임없는 외침이 반복되어 왔다. 그리고 한민족이지만 서로 다른 나라를 세우고 싸움이 있어왔다. 이러한 외침은 한반도가 차지하고 있는 지정학적인 요인에 기인한다.

대륙으로 가는 길목에 있고 해양으로 진출하는 어느 나라나 그 위치를 시기, 질투하는 요지에 있는 것이다. 그러나 독자들이 아시다시피 우리 나라는 외침을 결코 하지 않았다.

외침이라면 그것은 전쟁에 대한 자위권의 발동이거나 아니면 최선의 방어였기 때문이다. 이러한 역사적 사실을 통해 알 수 있는 것은 우리민족은 이처럼 평화를 사랑하는 민족이라는 놀라운 사실이다.

그 대륙으로부터의 침입과 해양으로부터의 침입으로부터 온갖 수난과 수모를 당하면서도 외침을 결코 하지 않은 것이다. 설사 외국

나라를 침략했다면 그것은 전쟁에 대해 방어하거나 침략에 대비하기 위해서였다.

백의민족이라고 하는 한민족은 흰 색깔과 어울리게 평화를 수호하며 사랑하는 민족이었다.

이것은 현재를 살아가는 우리에게 크나 큰 자부심과 긍지가 될 수 있다. 전쟁을 발발시키는 것은 기나긴 역사를 통해 보면 바람직스럽다고 할 수가 없다.

민족 간의 대립과 반목이 생기고 분쟁의 씨앗이 되며 국가 간의 갈등과 대립이 뒤따르게 된다.

우리 민족은 평화를 사랑함과 동시에 이웃 간의 사랑과 인정을 가장 중요시했다. 중국의 유교사상가가 우리 민족을 동방예의지국이라고 한 것은 그만큼 이웃간 서로 우의를 나누며 평화스럽고 사랑을 나눈 결정적인 증거라고 할 수 있다.

결론적으로 이야기하자면 우리 민족은 가장 중요한 두 가지의 발전 요소를 가지고 있다는 것을 역사적 사실을 통해 살필 수가 있다. 그것은 사랑과 평화이다.

그리고 우리 민족은 이러한 사랑과 평화를 가장 중요하게 여기면서 살아왔고 지금까지 살아오고 있다.

이것은 우리 민족의 미래에 틀림없이 크나큰 역할을 하게 될 것이다. 결국에는 한반도의 미래에 서광이 비추는 엄청난 요인이 될 것이다.

안타까운 것은 한반도에서 더 이상 전쟁이 있어서는 안 된다. 유일한 분단국가인 남북한 간에 전쟁이 있어서는 안 된다. 또한 어떠한 명분으로도 무력으로 생명을 앗아가는 비극은 더 이상 발생해서는 안 된다. 전쟁이 있어서도 안 되며 무력의 사용 또한 절대 있어서는 안 된다.

사랑과 평화를 지키고 전해 내려온 우리 민족의 앞날에 이같은 정신문명으로 인해 결국에는 한민족의 미래에 희망과 꿈이 이루어지게 되리라.

에필로그

이 책을 집필하면서 처음부터 끝까지 만남의 중요성을 강조해왔다. 누구를 만나느냐에 따라 인생이 바뀌고 운명이 바뀌는 결과를 이야기해왔다. 더불어 나의 살아 온 이야기와 내가 얻은 결론적인 생각들을 서술해 왔다.

그렇지만 내 이야기를 들은 독자는 쉽게 이해가 가지 않는 대목도 있었을 것이다. 왜냐하면 나는 그리 좋은 서사 시인이 아니기 때문이다.

그러므로 독자들이 이해할 수 없는 부분이 있다면 그것은 독자들의 지식이나 성품이 부족해서가 아니라는 말을 솔직히 말하고 싶다. 그 본질적인 이유는 나의 필력이 약해서이기 때문이다.

프롤로그에서 이야기했듯이 나의 인생역정 이야기를 읽고 독자들이 생활하면서 희망과 용기를 내고 유익한 글이 되었기를 진심으로 희망해 본다. 그러면 내가 선뜻 용기를 내어 이 책을 부족한 실력으로 집필한 동기를 달성하기 때문에 나는 기쁠 것 같다.

우리는 살아가는 과정에서 수많은 선택의 기로에 서 있다. 그 중에 세 가지 중요한 선택이 있다. 첫째는 직업 선택이고 둘째는 배우자 선택이고 세 번째는 인생관과 가치관의 선택이다. 인생은 장기전이고 마라톤과 같다. 처음 스타트도 잘 해야 하고 중간지점에서도 꾸준히 달려야 하고 마지막이 좋아야 다 좋은 것이다.

그렇지만 시작처럼 중요한 것은 없다. 올바른 출발은 올바른 결과에 도달하고 그릇된 출발은 그릇된 결과에 도달하기 때문이다. 올바른 시작은 행복을 보장하지만 그릇된 시작은 그 선택으로 불행의 벼랑으로 떨어뜨린다.

올바른 시작으로 보람 있는 생활을 창조하기 위해 노력의 땀방울을 묵묵히 흘려야 마지막이 좋을 것이다.

끝으로 지금까지 나를 지원해 주고 성원해 준 분들에게 감사하는 마음을 전해야 할 것 같다. 가장 가까이에서 때론 다툼도 하지만 결국에는 넓은 마음으로 나를 사랑해주는 분들에게 감사하는 마음을 전해야겠다.

또한 좋은 환경을 제공해 주고 지원을 해주지 않았는데도 나의 자녀들이 성실과 정직함으로 촉망받는 사회의 일원이 되어가고 있음에 감사하지 않을 수가 없다.

지면을 할애하자면 끝이 없을 정도로 나는 인생에 신세를 진 분들이 많다. 나를 이끌어 준 스승이나 어려울 때의 벗, 항상 변치 않고 정분과 사랑을 나누는 이웃, 고향의 어른 분들, 특히 내가 어려울 때 나를 어긋나는 길로 가지 않게 엄하게 훈계하고 충고해 준 많은 분들께도 진심으로 감사함을 전한다.

마지막으로 이 책을 통해서 나를 만나고 이해해주며 관심과 성원을 보여준 독자 여러분들에게도 감사한다. 살다보면 어려움에 처할 때 독자 여러분이 이 책을 읽고 인생에서 포기하지 않고 노력해서 반드시 사랑과 희망, 꿈을 이루기를 진심으로 축원하며 펜을 놓을까 한다.

행복한 만남

인쇄일 2014년 1월 14일
발행일 2014년 1월 14일

지은이 송재만
펴낸곳 도서출판 조은
주소 서울시 중구 인현동1가 19-2
전화 (02) 2275-2302
저자연락처 (02) 960-6597

출판등록 1995년 7월 5일 등록번호 제2-1999호
ISBN 978-89-94329-48-2
정가 12,000원